甘肃特色文化普及丛书

甘肃特色文化普及丛书

编委会

主 任

陈元龙

副主任

崔建伟　罗　哲　席皓琳

委 员

严小明　宋小凤　潘维永　孟广成　郭忠庆
雍际春　王旺祥　郭俊叶　贾建威　李红霞
冯　岩　郑　颖　马智全

主 编

陈元龙

副主编

崔建伟　罗　哲　席皓琳

甘肃特色文化普及丛书

陈元龙 主编

【中国汉简之乡】

简牍甘肃

JIAN DU GANSU

马智全 编著

甘肃人民出版社

图书在版编目（CIP）数据

简牍甘肃：中国汉简之乡 / 陈元龙主编；马智全编著． -- 兰州：甘肃人民出版社，2021.1（2023.8重印）
 ISBN 978-7-226-05639-4

Ⅰ.①简… Ⅱ.①陈… ②马… Ⅲ.①简（考古）—介绍—甘肃—汉代 Ⅳ.①K877.5

中国国家版本馆CIP数据核字（2021）第010169号

策划编辑：肖林霞
责任编辑：马元晖
封面设计：马吉庆

简牍甘肃：中国汉简之乡

陈元龙 主编　马智全 编著

甘肃人民出版社出版发行

（730030　兰州市读者大道568号）

兰州银声印务有限公司印刷

开本 710毫米×1020毫米　1/16　印张 16.5　插页 2　字数 230 千
2021年5月第1版　　2023年8月第2次印刷
印数：1001~2 200

ISBN 978-7-226-05639-4　　定价：88.00元

总　序

甘肃位居黄河上游黄土高原西端，地处我国版图的中心向西北部作带状延伸，东西长 1655 公里，南北宽 530 公里，总面积 42.59 万平方公里。东邻陕西省，西连青海省与新疆维吾尔自治区，南与四川省毗邻，北与宁夏回族自治区和内蒙古自治区接壤，并与蒙古国接界。其版图形状，正如习近平总书记比喻的"好似一柄玉如意"。

甘肃是中华民族重要的发祥地之一，历史源远流长，文化底蕴深厚。中国首次发现的旧石器时代之遗址即在甘肃境内。华池县赵家岔村洞洞沟和河西弱水阶地旧石器的发现，证明了远在 20 万年前的旧石器时代，我们的祖先就劳动生息在这里的一些河谷台地上，创造着辉煌灿烂的远古文化。新时器时代，从陇东到河西，从陇南到肃北，到处都有原始先民们活动的足迹。距今7000到5000多年前的秦安县大地湾遗址所发现的殿堂式建筑群、烧制陶器的窑址、彩绘鲜丽的陶器上的刻划符号，表明这时期的先民们已创造出了令人惊叹的古代文明。1923年首先于临洮马家窑发现的马家窑文化，是我国黄河上游母系氏族文化的代表，在甘肃境内分布广泛，前后继承，反映了距今5000年到4000年前甘肃地区母系氏族社会向父系氏族社会过渡的发展阶段和先民们从事原始农业和手工业生产的情况。这些情况不仅说明以农业为主兼及畜牧、渔猎和采集的多种生存方式，已是当时社会经济的重要特色，而且出土的数量庞大、造型精美、色彩鲜艳的彩绘陶器，表现了先民们的创造智慧和高超技艺，堪称祖国的瑰宝，并使甘肃赢得了"彩陶之乡"的美誉。距今4000年前左右，甘肃境内的先民们又创造了齐家文化，这是我国黄河上游父系氏族文化的代表，因1924年首先发现于广河县齐家坪而得名，主要分布在黄河以东。当时先民们已掌握了冶炼红铜、青铜的技术。由于使用铜器，生产工具先进，有了剩余产品，便出现了商品交换和贫富分化，使先民们逐渐向阶级社会过渡。此外，在洮河谷地，还有辛甸文化、寺洼文化等遗存。在河西走廊，也发现了民勤沙井文化、山丹四坝文化、玉门火烧沟文化。这些文化遗存反映了河西先民以原始牧业和渔猎为主，由父系氏族社会向阶级社会早期发展的状况。

甘肃是人文始祖肇启之地，相传这里是伏羲、女娲和黄帝的故乡，被称为"羲轩桑梓""羲皇故里"。史籍记载，"太昊伏羲氏生于成纪"，即今秦安县北部。传其孕十二岁（十二年为一纪）而生，故命名诞生地为"成纪"。这是甘肃最早见于史籍的地名。伏羲氏"始画八卦，以通神明之德，以类万物之情，造书契以代结绳之政"。女娲乃母系氏族首领，据传是伏羲同母之女弟，也诞生于成纪（今秦安县凤尾树村）。据司马贞《三皇本纪》

记载，伏羲、女娲就是"龙的传人"的始祖。据《水经注》记载，"黄帝生于天水，在上邽城东七十里"的轩辕谷。"黄帝立为天子，十九年令行天下，闻广成子在崆峒之上，故往见之。"至今崆峒山有问道宫（黄帝问道处）、望驾山（以望黄帝驾临处）等遗址。黄帝并曾"西济积石，涉流沙，登于昆仑"。五帝中的颛顼高阳氏"西至于流沙地"（流沙，在今张掖市北，一说在敦煌）。凡此都进一步说明甘肃为华夏文明的发祥地之一。

甘肃不仅是人文始祖的故乡、周秦文化的孕育地，而且是中西文化交流交汇的必经通道和重要门户。自西汉张骞凿空西域以至唐代，这条闻名世界、横贯甘肃东西的陆上"丝绸之路"的开通，不仅使甘肃在东西文化交流上有了浓墨重彩的一笔，更为甘肃带来了无限活力，使其在民族融合进程中所形成的过渡性特点愈加突出。古代丝绸之路在甘肃大地不仅推动了中原与西域的交流，而且加快了中国与波斯、大食乃至欧洲各国各民族的文化大交流大发展，也带来了经济贸易的兴盛繁荣，以至于唐代，"自安远门以尽唐境，闾阎相望，桑麻翳野，天下称富庶者，无如陇右"。贸易往来又促进了民族之间的交往交流交融，使甘肃成为各民族大融合的桥梁和纽带。民族融合与民族文化交流促成了甘肃文化的多样性、渗透性、包容性特征。在甘肃，每个民族都以其宽阔的胸怀和开放的姿态进行情感与文化上的交流与认同。民族融合与文化交流还增强了甘肃文化的创造性与延续性。甘肃人民是富于创造活力的人民，盛传于陇原大地的伏羲与西王母的神话传说，已透露出勃勃的创造生机；近代以来在甘肃境内不断发掘出大量石器时代遗址中的劳动工具、房屋、墓葬等文化遗存，无不体现出甘肃先民们的创造精神；绚丽夺目的彩陶艺术、石窟艺术，则更是甘肃文化充满活力的重要体现。正是这种创造精神，才使甘肃文化得以薪火相传、赓续不断，丰富多彩、独具特色。甘肃古代民族中，羌、氐、戎以及党项等民族在历史发展进程中均发生了巨变，但其文化性格与品质却迄今辑存于历史典籍中，其风俗习惯至今还饱含、渗透在陇原民风中。

甘肃地域文化的鲜明风格和多元多样特征，在中国古代文明文化发展史上谱写了浓墨重彩的篇章。在华夏文化发展成为汉文化并形成汉文化圈的历史演进中，陇右文化始终伴随着汉文化的扩散传播而趋同，又因人口流动、民族迁徙、统一与分裂而趋异。陇右文化以所处地域而成就交流传播之优势，东与三秦文化唇齿相依，使汉文化得以在此流传发展演进；同时又以地处中西交通要道，西与西域文化毗邻，少数民族文化、外来文化在这里得以与中原文化碰撞、交流、融合，成为中原与周边政治、经济、文化力量伸缩进退、相互消长的中间地带，成为中原文化与周边文化、域内文化与域外文明双向交流扩散、荟萃传播的桥梁。甘肃文化成为一种独具特色的地域文化，与西域文化相比较，具有更多的中原文化特征；与三秦文化相比较，则又更多地含有少数民族文化的成分。这种过渡性特征与优势，既促进了甘肃文化自身的发展，又为三秦文化和西域文化的发展提供了充足的养分。这一切都充分说明，甘肃是中国最早接纳和走向世界文明的窗口，是古代中国、印度、希腊、伊斯兰四大文明交融的中心，是华夏文明形成过程中吸纳外来文化的蓄水池，是中国乃至世界古代文明的博览园。甘肃地区丰厚的文化资源是华夏文明肇启、繁荣、发展以及与世界文明交汇的重要见证和典型标志。自远古以至唐代，在政治、经济、文化诸方面，甘肃一直处于中国历史和华夏文明的主流之中。这不仅奠定了甘肃作为中华文明发祥地的重要历史地位，而且使甘肃成为了中华民族重要的文化资源宝库。2013年甘肃被国务院批准为华夏文明传承创新区。

在漫长的历史演进中，多种文明交流交融，不仅使甘肃成为一个多民族居住省份，而且形成了多姿多彩、内容丰富的甘肃文化，特色鲜明，亮点纷呈。甘肃被称为"石窟艺术之乡"，现存各类石窟佛寺337座，其中具有学术研究和旅游观光价值的大、中型石窟群40多座，敦煌莫高窟被誉为"人类艺术宝库",被联合国教科文组织列入世界文化遗产保护名录,天水麦积山石窟被誉为"东方雕塑馆",榆林窟、炳灵寺、天梯山、南北石窟寺等无不是华夏文明艺术最集中的体现,使得石窟艺术与宗教文化成为甘肃文化最高成就的体现,也是佛教文化含茹之下甘肃人想象力与审美体验的完美展示。甘肃也是"彩陶之乡",是我国彩陶起源最早、发展时间最长、分布范围最广、艺术成就最高的地区。甘肃还是简牍大省,现已出土简牍6万余枚,其中汉简数量居全国之首。临夏"花儿"是甘肃省第一个进入世界非物质文化遗产名录的艺术瑰宝。"道情皮影"第二个被列入世界非遗名录。在甘肃境内,秦、汉、明代古长城和城障纵横交错,累计长达4400公里,约占长城总长21196.18公里的五分之一,其中,阳关、玉门关、嘉峪关驰名中外。甘肃地处古丝绸之路的黄金地段,长达1500公里,沿线的天水、张掖、武威、敦煌四座城市被列为国家第一批公布的历史文化名城;陇东和陇东南地区分别是周人和秦人的发祥地,周王朝、秦王朝都是在甘肃奏响了向中原进军的序曲,奠定了中华民族农耕文明和政治制度的基础。

概而言之,甘肃最主要的文化类型有:始祖文化、长城文化、丝路文化、石窟文化、五凉文化、敦煌文化、简牍文化、黄河文化、红色文化等。根据甘肃文化资源的源头性、多样性、独特性、包容性等特点,甘肃文化资源可归纳为四类:一是华夏文明源头性文化,即伏羲文化、轩辕文化、西王母文化、大地湾文化、彩陶文化等;二是丝绸之路文化,主要包括长城文化、简牍文化、敦煌文化、石窟文化、五凉文化等;三是民族民俗文化,即伊斯兰教文化、藏传佛教文化、特有民族文化(东乡族、裕固族、保安族)、特色民俗文化等;四是红色文化,甘肃从东到西有不少红色文化遗址,如南梁苏维埃政府遗址、腊子口战役遗址、哈达铺会议遗址、会宁会师遗址、高台西路军纪念馆等,这些遗址赋予了甘肃丰富的红色文化资源。

甘肃丰富多彩的文化资源为打造文化品牌奠定了坚实的基础，但是，长期以来缺乏系统整理和宣传推广，或庋置于学术殿堂，或充溢于普通民众茶余饭后的谈资，或归于少数文史学者的研究领域，存在分散化、碎片化、地方化现象，文化资源没有形成文化优势，莫为外界所了解，文化影响力明显不足。2017年，中共中央、国务院印发了《关于实施中华优秀传统文化传承发展工程的意见》，对传承发展优秀传统文化提出了一系列具体要求和方法措施。2019年8月，习近平总书记考察甘肃时的重要讲话明确指出，既要深入挖掘敦煌文化和历史遗存背后蕴含的哲学思想、人文精神、价值理念、道德规范等，推动中华优秀传统文化创造性转化、创新性发展，更要揭示蕴含其中的中华民族的文化精神、文化胸怀和文化自信，为新时代坚持和发展中国特色社会主义提供精神支撑。要加强对国粹和非物质文化遗产保护的支持和扶持，加强对少数民族历史文化的研究，铸牢中华民族共同体意识。习近平总书记的讲话为我们系统整理、宣传推介甘肃文化指明了方向，坚定了信心和决心。为了深入贯彻落实习近平总书记重要讲话和中共中央、国务院意见精神，助力华夏文明传承创新区建设之急切需要，甘肃省社科联从自身职能出发，以传承发展优秀传统文化为己任，在认真调查梳理、深入挖掘研究的基础上，决定以课题委托形式组织省内专家学者编写《甘肃特色文化普及丛书》。在丛书的编写过程中，坚持先进性、传承性、可读性、普及性的原则，撷取有代表性的文化类型，共编写《羲皇故里》《简牍甘肃》《丝路甘肃》《石窟甘肃》《魅力花儿》《彩陶甘肃》《道情皮影》《红色甘肃》八部，总成系列，约180万字，面向省内外有重点地系统介绍甘肃特色文化，不以学术研究为首要，而以普及推广为指归，以期挖掘甘肃文化资源，打造甘肃文化品牌，彰显甘肃文化魅力，重塑甘肃文化形象，进一步引导人们了解甘肃、认识甘肃，增强文化自信和对甘肃文化的认同感和自豪感，从而激发开发甘肃、建设甘肃的积极性和创造性。

在编写过程中，各有关单位大力支持配合，各位作者在繁忙的工作之余倾力尽智、呕心沥血，历时一年有余，数易其稿，其艰辛唯有识者所知，在此表示衷心的感谢。但由于分头编写，内容各异，加之掌握资源有限，不足之处在所难免，希望读者多提宝贵意见，以资再版时修正。

《甘肃特色文化普及丛书》编委会
2020年12月

前　言

　　甘肃历史文化悠久，辉煌灿烂的秦汉魏晋文明使甘肃大地珍藏了丰富的简牍文物。由于气候干燥和地广人稀，古代简牍虽历经两千多年却得以完好保存至今。甘肃简牍出土地大致为三种类型：一是边塞遗址，记载汉代军事屯田戍守；二是邮驿遗址，记载汉代邮书传递及人员接待；三是历代墓葬，内容为典籍文献和遣册文书。甘肃简牍因出土地不同而体现出内容的丰富多样。甘肃简牍文化特色，主要体现为发现时间早，影响深远；出土数量多，内容丰富；时代跨度长，历史序列清楚；简牍保存好，富有艺术特色。

　　目前甘肃发现时代最早的简牍是天水放马滩秦简，内容是秦代《日书》，反映了秦人的择吉习俗。

其中既有理论性的建除、牡牝、刚柔、孤虚等内容,也有现实性的占盗、问病、生子、裁衣等事项,内容非常丰富。天水放马滩出土的木板地图,是目前发现时代最早的地图实物,描绘了放马滩附近的地理状貌,是秦人地图绘制技术的体现。

甘肃简牍的主体是边塞汉简,包括敦煌汉简、居延汉简、肩水金关汉简等。边塞汉简反映了汉代的边塞防御体系,从太守到都尉、候官、候部、烽燧,有系统的职官设置和文书管理。因地域而异,边塞汉简内容也各具特色。敦煌汉简记载的军事活动详细,特别是天凤三年新莽征伐西域的军事档案,丰富了对历史往事的认知。居延汉简记录了居延地区的屯戍生活,汉代边地戍卒日常的行迹候望与烽火警备历历在目。肩水金关则是汉代关隘的代表,丰富的符传文书反映了汉代关隘的管理与运行状况。

甘肃邮驿遗址出土简牍的代表是悬泉汉简。悬泉置是汉朝设置在敦煌郡效谷县的邮驿与接待机构,是汉代丝绸之路畅通的重要保障。悬泉置出土汉简数量众多,简文记载了汉代中原与西域人员往来情况,对认识汉代丝绸之路开拓与中西文明交流意义重大。悬泉置出土文物众多,帛书、纸张与墙壁上的书写,展示出汉代文化传播的多样形态。

甘肃墓葬出土简牍的内容主要是典籍文献,如武威磨咀子汉墓出土的《仪礼》简、武威旱滩坡汉墓出土的医药简、永昌水泉子汉墓出土的《苍颉篇》等,典籍简多能与传世文献对读,学术内涵丰富。墓葬简中的律令文书也不少,如武威磨咀子发现的王杖十简与王杖诏令册,甘谷汉简中的优待宗室诏书以及临泽黄家湾发现的西晋田产争讼爰书,反映出简牍时代的朝政及事务管理。

目　录

001　甘肃历史地理与简牍文化

003　　一、甘肃历史与简牍遗存
009　　二、甘肃地理与简牍分布
016　　三、甘肃简牍文化特色

025　放马滩秦简：秦地先民的风俗

027　　一、放马滩秦简的发现与整理
030　　二、放马滩秦简中的择吉风俗
039　　三、木板地图与秦人的地图绘制技术

045　敦煌汉简：边关重镇的控守

047　　一、敦煌汉简的发现与整理
059　　二、汉代敦煌的边塞防御组织
067　　三、敦煌汉简记载的西域战事

071   **居延汉简：汉代边塞的屯戍**

073   一、居延汉简的发现与整理
085   二、汉代居延的边塞防御组织
091   三、汉代边塞烽火制度
101   四、居延汉简册书撷英

119   **肩水金关汉简：汉代关隘的管理**

121   一、肩水金关遗址的发掘与简牍整理
126   二、汉代肩水的边塞防御组织
131   三、肩水金关符传文书与汉代关隘管理
138   四、肩水金关诏令文书与汉代行政运转

151   **悬泉汉简：丝绸之路上的文明交流**

153   一、悬泉置遗址的发掘与简牍整理
159   二、悬泉置的管理与运转
168   三、使者往来与丝绸之路文明交流
179   四、汉代书写的多样形式

191　武威汉简：中原文化的传播

193　一、《仪礼》简与儒家文化的传播
199　二、王杖制度与汉代养老
208　三、武威医简的医学价值
213　四、武威墓葬出土律令简牍与遣册文书

219　古墓零简：水泉子、甘谷、黄家湾简牍

221　一、水泉子汉简中的《苍颉篇》与日书
226　二、甘谷汉简与东汉宗室待遇
231　三、临泽黄家湾晋简的田产争讼

238　参考文献
247　后　记

甘肃历史地理
与简牍文化

二十世纪以来，在甘肃边塞烽燧驿置遗址和秦汉魏晋墓葬中，出土了六万多枚简牍，使甘肃赢得了"汉简之乡"的美誉，形成了特色鲜明的简牍文化。甘肃出土竹木简牍数量众多、形式多样、内容丰富，与甘肃辉煌灿烂的历史文化、独特的地理气候条件有密切关系。

一、甘肃历史与简牍遗存

甘肃地处祖国西北，是华夏文明的重要发祥地。历史悠久的先秦文明、气魄恢宏的秦汉统治、特色鲜明的魏晋政教，使甘肃大地珍藏了丰富的竹木简牍。简牍文献的相继发现，又丰富了甘肃历史文化的内涵。

1. 甘肃先秦历史与简牍遗存

先秦时期，甘肃文明源远流长。大地湾文化代表了农耕文明的兴起，马家窑、齐家、四坝、辛店、沙井等彩陶文化展示了先民艺术的绚丽多彩。甘肃庆阳是周人先祖的发祥地，留存有丰富的先周遗迹。天水、陇南则是早期秦人的生活地域，自秦非子在此畜牧生息，为东移关中奠定了坚实基础，也留下了丰富的早期秦文化遗存。

春秋时期的秦国已经对甘肃东部地区实施了有效的行政管辖。《史记·秦本纪》记载武公十年（前688）："伐邽、冀戎，初县之。"[1] 邽县、冀县在天水地区，是秦国设置最早的两个县。

战国时期，秦国不断开疆拓土而设立郡县，"秦昭王时，义渠戎王与宣

---

① ［汉］司马迁《史记》卷5《秦本纪》，中华书局，1959年，第182页。

太后乱，有二子。宣太后诈而杀义渠戎王于甘泉，遂起兵伐残义渠。于是秦有陇西、北地、上郡，筑长城以拒胡。"① 秦在陇西、北地设郡置县，正是对甘肃东部地域的有效管辖。

秦人在陇上的活动，在简牍文献中有所反映。1986年发现的天水放马滩秦简，其中一篇记载了一位名叫丹的人死而复生的故事，简首为："八年八月己巳，邸丞赤敢谒御史。"关于"八年"的纪年，整理者认为是秦王政八年（前239），也有学者认为简文记载了秦将犀武，八年或是秦昭王八年（前299），② 是先秦历史的反映。放马滩秦墓发现的七幅木板地图，描绘了天水中南部的水系及地理地貌，展示出早期秦文化的多姿多彩。

2. 甘肃秦汉历史与简牍遗存

秦始皇统一六国后，历时15年就被汉朝取代。西汉前期，甘肃东部在汉朝统治之下休养生息，西部则有游牧民族管辖畜牧，月氏、乌孙、匈奴先后在河西地区生活。到了汉武帝时期，朝廷开始采取主动抵御匈奴的策略，河西的历史发生了根本性变化。

汉武帝元狩二年（前121）春，骠骑将军霍去病出师陇西，进入河西走廊，大败匈奴，杀折兰王，斩卢侯王，擒获浑邪王的儿子、相国及都尉，收缴休屠王祭天金人。该年夏，霍去病又从北地郡出发，一路向西，越过贺兰山，进入居延泽，过南山小月氏地，在祁连山与匈奴激战，取得了重大胜利。两次长途作战的得胜，使守据河西的匈奴浑邪王与休屠王率众降汉。中途因休屠王反悔，浑邪王斩杀休屠王及反者，霍去病出师接应，匈奴四万多人降汉，河西地域归属汉朝管辖。

---

① 《史记》卷110《匈奴传》，第2885页。
② 孙占宇《天水放马滩秦简集释》，甘肃文化出版社，2013年，第269~270页。

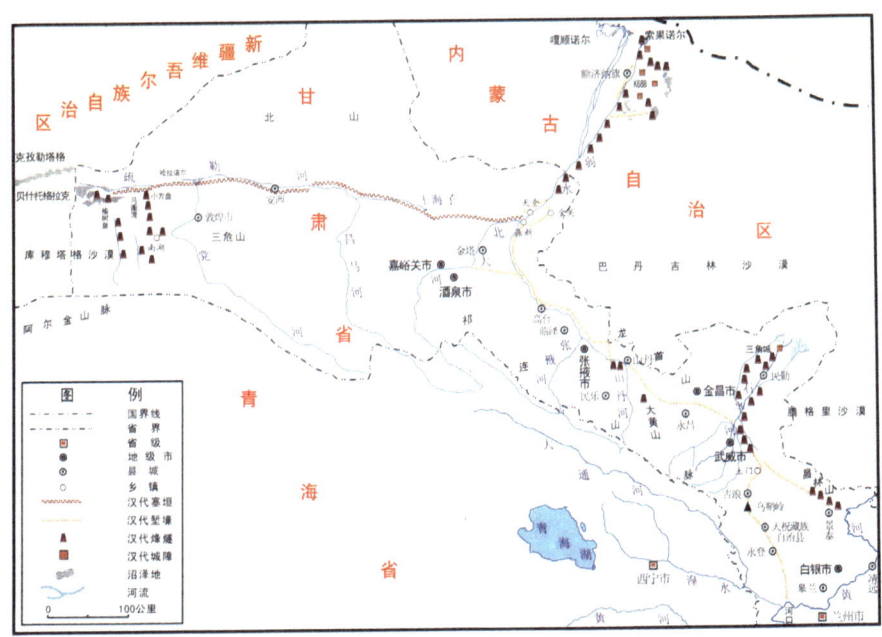

河西汉塞走向示意图

河西属汉后,汉朝在此设立郡县,移民实边,兴修水利,修筑塞防,加强了边疆的控制。史载:"其后骠骑将军击破匈奴右地,降浑邪、休屠王,遂空其地,始筑令居以西,初置酒泉郡,后稍发徙民充实之,分置武威、张掖、敦煌,列四郡,据两关焉。"① 汉朝在河西设四郡,实现了郡县的行政管理,是汉朝边疆开拓的重要事件。汉朝在河西筑塞、徙民、设关、戍守,河西地区出土简牍文书正有生动反映。如敦煌汉简记载的塞防修筑,居延汉简记载的屯田戍守,肩水金关汉简记载的关隘管理,皆可与史书记载相印证。

为了全面抵御匈奴入侵,断匈奴右臂,汉朝将目光投向西域。汉武帝建元三年(前138)张骞出使西域,开启了汉与西域官方交往的序幕。后张骞二出西域,加强了汉与乌孙等国的联系,西域诸国遣使来汉,目睹了

---

① [汉]班固《汉书》卷96《西域传》,中华书局,1962年,第3873页。

汉朝的强大后，也乐于与汉交往。但由于匈奴的影响以及西域贪汉财物，往往有道苦汉使的现象。汉朝派遣使者持千金及金马到大宛求取善马，但大宛轻视汉朝，认为西域辽远，汉军所不能到，攻杀汉使，夺取财物。太初元年（前104），汉武帝派遣贰师将军李广利征伐大宛，初次出师不利，退回敦煌。太初三年（前102），汉朝大规模发兵，李广利再次征伐大宛，得胜取天马而归。自此之后，汉与西域的交往畅通，使者不绝于途。汉朝在西域屯田驻守，设立西域都护、戊己校尉，对西域开始了有效管辖。西域诸国到汉地朝觐奉献，质子和亲，汉与西域的交流呈现出一派繁荣景象。在敦煌悬泉置出土汉简中，有不少简册记载了当地驿置接待汉朝及西域使者的情况，正是汉与西域交流畅通的真实反映。

西汉后期，外戚专权，朝政日益衰败。王莽废汉立新，采取歧视边疆民族的政策，与周边关系日渐紧张，西域诸国先后反叛。为了树立国威，天凤三年（16）王莽派五威将王骏征伐西域，结果遭受惨败，西域又脱离了中原王朝的管控。由于中原出师西域要经过河西，这次战争在敦煌马圈湾出土汉简中有具体反映。其中有关王骏征伐西域的幕府档案，生动地反映出西征军队凄惶败亡的过程，具有重要史料价值。

由于王莽统治不得人心，各地起义不断，中原扰乱，但甘肃却因地处陇右而得以偏安，隗嚣驻守于天水，窦融割据于河西。东汉光武初立，平定中原动荡，窦融归顺于汉，采取建武纪年，会同光武讨伐隗嚣。建武十二年（36），窦融离开河西到洛阳朝见光武帝而任冀州牧，河西由东汉派员管辖。两汉之际的这段历史，居延地区出土简牍文书有生动记载。

东汉后期，朝政日衰，宦官与外戚争权夺势，地方割据兴起，刘氏政权岌岌可危。在地方上，刘氏宗室也备受欺凌，甘谷出土汉简就记载了刘氏宗室为维护自身权益而上书朝廷，反映"横竞殴辱""役使不得安土业"的情况，体现了当时的政治状况。

3. 甘肃魏晋历史与简牍遗存

汉魏之际，甘肃亦陷于动荡不安的局面。魏文帝即位后，逐一平定割据势力，甘肃得以安宁。晋受魏禅，社会稳定，经济繁荣，号称太康之治。到西晋中后期，内有八王之乱，外有夷狄入侵，甘肃已被少数民族政权和地方割据势力所掌控。东晋时期，北方十六国纷纷扰扰，甘肃西部有前凉张氏政权，东部先后有前赵、后赵、前秦统治。前秦统一北方，随即在淝水之败后分崩离析，甘肃又有后秦、西秦、后凉、南凉、西凉、北凉等割据势力。后北魏兴起，统一北方，甘肃地域为北魏所辖。后经西魏、北周而入隋唐，甘肃又为中原一统王朝所管辖。

由于甘肃地理位置重要，有志之士往往能在此建功立业。如魏明帝时，徐邈为凉州刺史，"率以仁义，立学明训，禁厚葬，断淫祀，进善黜恶，风化大行，百姓归心焉。"① 武威新华乡出土有青龙四年（236）木牍，记述死者衣物，是曹魏统治的遗存。西晋后期，中原动荡，张轨任凉州刺史，保据河西，张掖临泽出土的建兴元年（313）田产争讼爰书，是当时基层社会治理的反映。西晋灭亡，前凉割据，仍用西晋愍帝建兴纪年。高台、武威出土木牍有建兴八年（320）、二十四年（336）、四十八年（360）等年号，反映出特殊的政治观念。另外，武威旱滩坡木牍又有升平十三年（369）的年号，却反映出前凉又奉东晋为正朔的现象。前秦灭前凉后，对甘肃有短暂统治，高台骆驼城晋墓有建元十八年（382）的年号，就是前秦统治的反映。当然，晋代以后，简牍已不再是主要书写材料，但甘肃武威还有西夏木牍，也是书于竹木的遗风。

因此，甘肃能出现数以万计的竹木简牍，与甘肃悠久灿烂的历史文化

---

① [晋]陈寿：《三国志》卷27《徐邈传》，中华书局，1971年，第740页。

密不可分。正是因为秦人的开拓，汉朝丝绸之路的开通，以及魏晋以来陇右偏安的文教政治，才使甘肃大地蕴藏了丰富的简牍资料，使今日简牍的发现与研究成为可能。

二、甘肃地理与简牍分布

二十世纪以来，全国出土简牍数量已逾三十万枚，观察这些简牍的出土地点，会发现有趣的地域集中现象。有学者概括了在一定地理范围出土且特征类似的四大简牍文书群，分别是湖南简牍文书群、湖北简牍文书群、居延简牍文书群、敦煌简牍文书群。① 这四个简牍文书群两南两北，遥相辉映，是值得关注的现象。为什么简牍出土地点南北区别如此明显，而其他地域特别是中原地区出土简牍数量却较少呢？这应该与简牍保存的地理气候因素有关。

观察近世简牍出土地点，会发现简牍主要出土于两种特殊的地理环境：一是气候干燥的地域，简牍长期处于戈壁荒漠边塞墓葬之中，没有腐化霉烂，得以完好保存；二是气候潮湿的地域，简牍长期浸泡在有水的井窖古墓之中，因与空气隔绝，倒也能保存下来。而半干湿地区，由于简牍竹木材质的有机物特性，往往容易腐朽风化，保存就困难一些。地域广袤的甘肃省，西北部气候干燥，东南部气候湿润，具有简牍保存的两种环境，是简牍出土数量众多的主要原因。

---

① 李均明、陈民镇《简牍学研究70年》，《中国文化研究》2019年第3期。

1. 甘肃西北干燥地区出土的简牍

考察甘肃地理，乌鞘岭是一条重要的气候与地理分界线。乌鞘岭东南，属于温带季风性气候，外流河地域，半干旱地区。乌鞘岭西北，是温带大陆性气候，内流河地域，干旱地区。甘肃发现的简牍，主要集中在乌鞘岭西北的河西走廊，就和当地干燥的地理气候因素有关。

甘肃河西走廊出土简牍的遗址性质，主要为三种类型：边塞、驿置与墓葬。

边塞，指古代修筑的长城防线。自汉武帝开河西之地以来，汉朝在河西地区修筑了大量塞防，以抵御匈奴的入侵。史载："汉始筑令居以西，初置酒泉郡以通西北国。"①"于是酒泉列亭鄣至玉门矣。"②"使强弩都尉路博德筑居延泽上。"③"而敦煌置酒泉都尉，西至盐水，往往有亭。"④这些汉塞城障烽燧，由于地处气候干燥地区，历经两千多年而今仍矗立在河西大地。二十世纪初叶的甘肃简牍，首先就发现于河西汉塞。1907年斯坦因在敦煌汉塞考察，曾感慨于这种独特的地貌："横在我脚下的残迹，自为以前那些流徙绝塞的人占据以后，平静寂寞不为人兽所扰者历好几世纪。靠近这些遗址，往往有很大的垃圾堆，那就是他们据有此地的时候堆积起来的。上面极薄的一层沙砾恰好足以保护最易碎裂的东西，至今犹是崭然如新。只要用靴后跟或者马鞭将斜坡稍为挑剔一下，便可以使平常惯于抛掷废纸，毋宁说是木简的堆积显露出来。所以不久之间，我就会习惯的从几英寸的

---

① 《史记》卷123《大宛列传》，第3170页。
② 《史记》卷123《大宛列传》，第3172页。
③ 《汉书》卷94《匈奴传》，第3776页。
④ 《史记》卷123《大宛列传》，第3179页。

斯坦因考察敦煌显明燧（T8）以东的汉塞

地面之下，拾得西历纪元或纪元以前的文书了。"① 正因为西北地区气候干燥，再加上后世无人干扰，因此简牍长久保存在沙砾之下。只要揭开表层的沙砾，这些书写于两千年前的简牍就会被发现。甘肃边塞汉简，正是因这样的气候与地貌而得以保存。

边塞汉简，往往是在城障烽燧遗址发现。其中尤为重要的，一是城障烽燧周围久弃的灰堆，二是城障烽燧居住过吏卒的房屋遗址。灰堆是吏卒倾倒废弃物的地方，往往有简牍遗存。如1930年贝格曼在居延破城子遗址（A8）的发掘："穆德布林遗址成为我在额济纳河考古发掘期间收获最大的地点。在它的垃圾堆中出土了约4000件木简（当然，包括许多残简）、各种破损的器皿、丝绸残片、青铜器和陶瓷碎片。"② 贝格曼对破城子灰堆的清理获得了大量汉代简牍文物。其实，关注斯坦因在敦煌的考察，以及贝格曼在居延的发掘，能发现数量众多的简牍文物，与他们重视对烽燧灰

---

① ［英］斯坦因著，向达译《西域考古记》，商务印书馆，2013年，第180~181页。
② ［瑞典］贝格曼著，张鸣译《考古探险手记》，新疆人民出版社，2000年，第158页。

堆的清理有重要关系。

城障烽燧的房屋是汉代吏卒居住生活的地方，往往有简牍的留存。有的房屋本身就是书写或保存文档的地方，留存的简牍数量就会更多。最有代表性的是甘肃居延考古队1974年对破城子F22的发掘。该房屋被认定为文书档案室，面积不足6平方米，却发现了889枚木简，其中有新莽天凤到东汉建武初年四十余册完整或基本完整的文书简册。[①] 又如肩水金关遗址，在关门东侧的F3出土了汉简636枚，数量众多，文书性质主要是过关符传。因此，边塞城障房屋遗址也是发现简牍的重要地点。

驿置，指邮书传递与驿站接待的机构。驿置与边塞的性质并不相同，它的主要职能不是为了军事防御，而是为了保障朝廷信息的传递及过往人员的接待。这种驿置机构在史籍中虽有记载，但是考古挖掘中很少发现。1987年，在甘肃敦煌与瓜州交界处发现了一处驿置遗址，就是著名的悬泉置遗址。

悬泉置遗址不在汉代长城烽燧防线上，而是在河西酒泉郡到敦煌郡的交通要道上。它的主要职能有两个，一是邮驿传递，为汉朝各级机构提供邮书传递服务。汉简常见"东书""西书"的术语，就是邮书传递的具体记载。二是驿置接待，为朝廷各类公务人员提供食宿行的服务。汉简记载了持传过客经过悬泉置时吃何种食物、数量是多少、住宿是什么样的规格，反映出驿置机构的职能特点。

悬泉置遗址出土汉简数量众多，简牍主要发现于坞院西墙外和东门口的灰区堆积中，还有一些出土于坞院房屋之内。由于悬泉置使用时间长，灰区堆积厚，历史层位清晰，因此可依据地层判断简牍的书写时代，这是

[①] 甘肃居延考古队《居延汉代遗址的发掘和新出土的简册文物》，《文物》1978年第1期。

驿置简牍的独特性所在。

当然，悬泉汉简得以较好保存，与当地气候干旱还是有密切关系。悬泉置遗址发掘简报说："遗址周围为高低不平的砾石戈壁沙丘地形，该地属温带干旱气候，多风少雨，夏热冬寒。由于自然环境和地理条件所限，今日附近无居民。"[1] 天气的干旱少雨使简牍得以原样保存，戈壁沙砾地形，又使简牍长久封存于地下，无人居住的环境使简牍不受后世干扰，这正是悬泉汉简得以保存的重要地理气候因素。

墓葬，是简牍出土的重要地点。古人把自己喜欢的书籍下葬，史书就有记载，东汉的周磐，临终时令其二子："编二尺四寸简，写《尧典》一篇，并刀笔各一，以置棺前，示不忘圣道。"[2] 甘肃西北地区墓葬出土简牍数量众多，也与气候干旱有关。代表性的如武威磨咀子汉简、永昌水泉子汉简，以及武威、张掖等地出土的遣册，都是在河西走廊，为典型的大陆性气候，降水量少，有利于竹木文物的保存。又古人择墓，一般选在高敞之地，避开河流水浸，即使在戈壁荒滩上的墓葬，上有封土保护，是河西墓葬简牍文物得以保存的有利因素。

武威磨咀子汉墓位于武威东南祁连山下杂木河西岸突出的小山咀二层台地上，"土质非常坚硬且地处丘陵台地，加之这里气候干燥，具有保存地下文物的优越条件。"[3] 磨咀子出土《仪礼》简、王杖十简、王杖诏令册等都保存较好，墓葬还出土了鸠杖及木器、漆器、草器等，地理与气候因素是简牍文物得以保存的重要因素。

---

[1] 甘肃省文物考古研究所《甘肃敦煌汉代悬泉置遗址发掘简报》，《文物》2000年第5期。

[2] ［宋］范晔《后汉书》卷39《周磐传》，中华书局，1965年，第1311页。

[3] 甘肃省文物考古研究所《甘肃武威磨咀子汉墓（M25）发掘简报》，《文物》2005年第11期。

武威旱滩坡墓地位于祁连山麓黄土坡地上，1972年发现的汉代医简，"经调查了解，木简原裹为一束，置于尸骨顶部，鸠杖一件，原置于棺前。"①旱滩坡墓地还出土过衣物疏与律令简，地理位置与气候的干旱有利于简牍保存。

武威水泉子墓地也位于祁连山脚下，木简未移取之前呈捆束状，可见在地下保存比较好，只是因墓葬坍塌和墓室潮湿，简牍残损比较严重。

临泽黄家湾出土的晋简，"发现时被放置于M23号墓墓主棺盖上，根据其上残留的编绳痕迹判断其原本应系以细麻绳连缀的成册简牍。"②可见黄家湾晋简保存状况也较好。

甘肃西北地区墓葬出土简牍形制多样，内容集中，特别是典籍简，文献价值突出。

2. 甘肃东南湿润地区出土的简牍

甘肃地域辽阔，与河西干旱的戈壁荒漠不同，东南地区气候湿润，林木茂密，地下水位较高。甘肃东南墓葬出土简牍，其实与湖南、湖北等地出土简牍相似，长久浸泡在水中，因而得以保存，以天水放马滩秦简为代表。

天水放马滩遗址地处天水麦积区党川乡林区，气候湿润，降水丰富。墓葬的发现即与林区降雨有关，小陇山林业局林场职工因修理坍塌房屋而发现了秦墓文物。文物浸泡在水中，简牍和木板地图被泥水黏糊，经过冲洗才发现文字图画。经考古工作者清理墓葬，发现："由于地下水丰富，加

---

① 甘肃省博物馆、武威县文化馆合编《武威汉代医简》，文物出版社，1975年，第20页。

② 杨国誉《"田产争讼爰书"所展示的汉晋经济研究新视角——甘肃临泽县新出西晋简册释读与初探》，《中国经济史研究》2012年第1期。

之芦苇丛生,起到了渗透作用,所以墓内积水甚多。随葬品大都保存不好,丝织物无存。"① 正是因为地下水的作用,简牍长期浸泡在水中而得以保存下来,是甘肃简牍保存的另一种形态。

天水放马滩秦简与甘肃河西地区发现简牍的材质也不相同。河西出土简牍主要是木简,形制上多是汉代尺简,其中不少是较宽的木牍,书写两行甚至多行文字,在厚度上有三四毫米甚至更厚。而天水放马滩秦简的材质却是竹简,长度一种是秦代尺二寸,一种是一尺长。宽度较窄,只能写一行文字。简牍很薄,只有一毫米左右。因此从简牍形制来看,天水放马滩秦简的形制与南方秦简更为相似。

甘谷汉简也出自甘肃东部地域,不过与放马滩秦简不同的是,甘谷汉简发现于刘家屲坪,简牍材质为木质,形制为木牍,墓葬未浸水,与武威等地墓葬出土简牍相似。由于甘谷气候要湿润一些,因此甘谷汉简的保存状况并不好,简牍出土时基本完整者仅有数枚,其他已断为大小不等的近百个碎片,证明了地理因素对简牍保存的重要性。

综上,甘肃独特的地理状貌,使简牍分布呈现出多样化特色。甘肃西北地区由于气候干燥,更有利于简牍保存。边塞简牍保存于城障烽燧遗址,内容反映屯田戍守生活。驿置简牍保存于丝绸之路交通要道的邮驿遗址,内容反映的是邮书传递与使团接待。墓葬出土简牍则以典籍律令为主,更多中原文化特色。甘肃东部地域气候温湿,相对不利于简牍保存,如甘谷汉简就多为碎片。不过墓葬简牍如长久浸泡在水中也能保存下来,天水放马滩秦简即为代表。

---

① 甘肃省文物考古研究所《天水放马滩秦简》,中华书局,2009年,第114页。

三、甘肃简牍文化特色

简牍文化是指以简牍文献为核心的简牍发现、保藏、整理、研究、展示、应用等各种文化现象。各地因出土简牍文献性质的不同，呈现出不同的简牍文化特色。甘肃是简牍大省，以简牍发现时代早、出土数量多、时代跨度长、保存状况好而为海内外所共知，简牍文化内涵丰富而又特色鲜明。

1. 发现时间早，影响深远

简牍是我国纸张发明以前的主要书写材料。在古代就有不少简牍发现的事例，如西汉的孔壁遗书、西晋的汲冢竹书，都对学术史产生过深远影响。甘肃地区古代也有简牍发现，唐代牛僧孺《玄怪录》卷二记载周静帝时居延地区发现过简牍："居延部落主勃都骨低……于瓦砾下得一大木槛……槛中得行简书，文字磨灭不可识。"[1] 虽是古代小说家言，却可与后世居延汉简的发现相照应。古代发现的简牍早已湮没无闻，成了历史记载中的往事。

中国近世简牍的发现，始于20世纪初期西方探险家的考察。1901年1月，斯坦因第一次中亚考察在新疆尼雅遗址发现汉文简牍40余枚和佉卢

---

[1] [唐]牛僧孺《玄怪录》，中华书局，1982年，第48页。

文简牍524枚。1901年3月，斯文·赫定在新疆楼兰遗址发现120枚汉文简牍和36张汉文文书。由于这些文献当时主要有西方学者整理，还没有引起国内学人的足够关注。

1906年，斯坦因开始他的第二次中亚考察，先在新疆尼雅、楼兰等地进行古物挖掘，收获颇丰。1907年3月，斯坦因受法国外交官伯宁的影响，来到敦煌疏勒河流域寻找古代坞堡。3月7日傍晚，他发现了第一座烽燧（T1）："当我在夯土层之间见到熟悉的红柳枝夹层时，我确信它的年代很古老。"① 3月8日一早，发现第二座烽燧（T3），经初步清理，就发现了古代简牍："但是更让人兴奋的是一小块木片，它约4英寸长，背后有一个榫，正面有5个汉字，尽管墨迹已经很淡，仍容易识读。蒋师爷当时就说明，木标签所标识物品是'卢定世衣橐'。"② 这是敦煌汉塞发现的第一枚汉简。随后的两个月，斯坦因对疏勒河流域及周边烽燧遗址逐一发掘清理，共发现汉简3100多枚。5月，他又从莫高窟王道士手中获取了大量敦煌经卷文书。敦煌地区发现的两类稀世文物，就这样被斯坦因西运而去。

斯坦因在敦煌掘获汉简的事件随后为国内学人所知，罗振玉说："光绪戊申（1908年），予闻斯坦因博士访古于我西陲，得汉晋简册归英伦，神物去国，恻焉疚怀……越二年，乡人有欧洲归者，为言往在法都亲见沙畹博士方为考释云。且版行，则又为之色喜。"③

王国维

---

① ［英］奥雷尔·斯坦因著，赵燕、谢仲礼、秦立彦译《从罗布沙漠到敦煌》，广西师范大学出版社，2000年，第31页。

② ［英］奥雷尔·斯坦因著，赵燕、谢仲礼、秦立彦译《从罗布沙漠到敦煌》，第36页。

③ 罗振玉《流沙坠简·序》，中华书局，1993年。

《流沙坠简》书影

斯坦因所获简牍由法国汉学家沙畹整理，1913年在牛津出版了《斯坦因在东土耳其斯坦考察所获汉文文书》。此前1912年，沙畹向罗振玉提供了他的手校之本，罗振玉和王国维利用三个月的时间，阐幽发微，细加考释，于1914年在日本京都出版《流沙坠简》，成就了简牍学的奠基之作。鲁迅这样评价："中国有一部《流沙坠简》，印了将有十年了，要谈国学，那才可以算一种研究国学的书，开首有一篇长序，是王国维先生做的，要谈国学，他才可以算一个研究国学的人物。"①《流沙坠简》在汉简的分类、考释上，特别是在典籍文献、屯戍体系、文书制度等的考证上取得了杰出成就。以此为契机，王国维于1914年又撰成《简牍检署考》，也是简牍制度考证的名作。

由于西方探险家的盗掘，国内有识之士认为应该将国内学术团体联合起来，自己出发到各地搜集资料，而对于怀抱友谊的外国团体，也持欢迎合作态度。②正是在这种背景下，1927年，中国学术团体协会成立，并与瑞典探险家、地理学家斯文·赫定合作，成立了中瑞西北科学考查团，从

---

① 鲁迅《鲁迅全集》卷17《热风·不懂的音译》，人民文学出版社，1980年。
② 徐炳昶《西游日记》，甘肃人民出版社，2002年，第2页。

事科学考察活动。1930年，考查团成员贝格曼在额济纳河流域汉塞遗址发现居延汉简10200余枚，名震一时。居延汉简发现以后，有国内一流学者参与整理，后因抗日战争爆发而几经中断。1943年劳榦在四川南溪石印出版《居延汉简考释·释文之部》，1944年出版《居延汉简考释·考释之部》，开启了居延汉简研究的新时代。1949年，上海商务印书馆出版《居延汉简考释·释文之部》铅印本，使学界对居延汉简的研究更为便利，海内外的研究迅即蓬勃展开。1951年，日本京都大学人文科学研究所"居延汉简研究班"举办，森鹿三、藤枝晃、大庭脩、永田英正等学者在居延汉简的研究上取得了丰硕成果。1967年，英国学者鲁惟一《汉代行政记录》出版，在文书及册书研究上取得重要成绩。甘肃简牍研究，一开始就具有国际化的背景与视野。

1949年以后，甘肃简牍接续出土。1959年发现的武威《仪礼》简，是简牍学上典籍文献的首次重大发现，陈梦家整理的《武威汉简》是简牍整理的典范之作。随后陈梦家《汉简缀述》和陈直《居延汉简研究》在历史学、考古学、文献学的研究上取得丰硕成果，为简牍学研究提供了范式，对后来简牍学的发展产生了深远影响。

2. 出土数量多，内涵丰富

甘肃简牍不仅发现早，而且数量众多。新中国成立以前，除了新疆尼雅、楼兰等地出土部分简牍外，我国简牍出土的重镇便是在甘肃。1907和1914年斯坦因两次考察敦煌汉塞，共获汉简3200多枚。1930—1931年贝格曼在居延汉塞发现汉简10200余枚，都是名震一时的重大发现。新中国成立以后，随着考古事业的不断发展，全国各地不断有简牍出土，但与其他地域简牍多发现于墓葬井窖不同，甘肃汉塞烽燧与驿置遗址又有大批简牍接续出土。1973—1974年，甘肃居延考古队在甲渠候官与肩水金关遗址发掘得汉简19000多枚，称之为居延新简，这是边塞汉简数理更多的发现。1979年6月甘肃省文物考古研究所在敦煌马圈湾遗址发掘得简牍1217枚，是敦煌汉简的又一次重要发现。1986年甘肃省文物考古研究所发掘地湾遗址，出土木简771枚，是边塞汉简的一次重要发现。1990—1992年，甘肃省文物考古研究所对敦煌悬泉置遗址全面发掘，出土简牍35000余枚，其中有字者23000余枚，此次发现被评为1991年全国十大考古发现和"八五"期间全国十大考古发现。除了烽燧驿置遗址的发现外，新中国成立后甘肃墓葬出土简牍数量也不少。如1959年武威磨咀子6号汉墓所出《仪礼》等简480枚，1986年天水放马滩1号秦墓出土《日书》等简461枚，2008年永昌水泉子5号汉墓出土木简1400余枚。截至目前，甘肃已出土简牍62000多枚，尤其是汉代简牍，位居全国所出汉简首位，可见甘肃简牍在全国简牍发现中的重要地位。

甘肃简牍不仅数量众多，而且内涵非常丰富。从简牍学的研究角度来看，简牍文献总体上可以分为典籍类与文书类两个类别。国内其他地域出土简牍的文献类别往往区别明显，如南方墓葬出土简牍，近年来典籍文献的发现引人关注。南方井窖出土的简牍则以文书为主，内容也比较集中。但甘肃出土简牍两类文献均有，而且内容都非常丰富。

甘肃简牍典籍文献，一种是墓葬出土，如武威汉简《仪礼》简、天水放马滩秦简《日书》、永昌水泉子汉简《苍颉》等。另一种是烽燧驿置出土，如敦煌、居延边塞及悬泉置遗址出土的《论语》《孝经》《苍颉》《急就》以及相刀剑册、相马经、日书、医方等文献。其中最有代表性的是《仪礼》简，数量众多，时至今日仍是汉代礼学研究最重要的出土文献。

甘肃边塞驿置简牍的主体是文书简，反映了汉代边塞日常运转的各个方面。政治方面，朝廷下达的各类诏令文书，能及时传达到边塞基层烽燧。如肩水金关遗址出土的甘露二年（前52）丞相御史书，反映出汉宣帝时期对朝廷逃犯的逐捕；永始三年（前14）诏书，反映出汉成帝时对民众疾苦的关怀。边塞出土的不少诏书为史籍所不载，是了解汉代政治统治的重要文献。经济方面，边塞汉简记载了汉代土地管理、人口往来、农业劳作、市贸交易、屯田生产等诸多方面。典型者如边塞贳卖文书，对于买卖物品的数量、价格、交易方式、担保人身份都有详细记载，是认识汉代经贸交流的原始档案。军事方面，西北边塞的日常运转，都尉、候官、候部、烽燧之间的文书上传下达，涉及烽火传递、功劳统计、人事管理、事务通报等各个方面。军事上的簿籍文书众多，如守御器检查簿，是认识汉代边塞防御的基本文献；各类戍卒身份名籍，可知汉代边塞戍守人员的来源与类别。由于甘肃边塞简牍出土时代早，研究比较全面，构建了简牍文书学的基本体系，对其他地域出土简牍文书研究具有示范意义。

3. 时代跨度长，历史序列清晰

甘肃悠久的历史和秦汉魏晋时期灿烂的文化在竹木简牍上留下了清晰的印迹，使甘肃简牍呈现出时代跨度长、历史序列清晰的特点。

目前发现甘肃简牍时代最早者为天水放马滩秦简，据简文用字考察，简文当抄写于秦统一后不久。但简文内容是《日书》文献，其成书与流传时代应更早一些。

甘肃简牍的主体是汉简，简牍主要发现于屯戍驿置遗址。由于这些机构延续了上百年的历史，简牍本身多有系年记录，再加上考古地层学分析，使甘肃汉简的历史序列十分清晰。甘肃河西屯戍体系是伴随着汉武帝开河西四郡而建立，所以简牍纪年始于武帝时期。目前所见时代最早的是肩水金关出土的"太初五年"（前100）纪年，[①] 随后武帝纪年比较集中的是悬

---

① 胡永鹏《西北边塞汉简编年》，福建人民出版社，2017年，第29页。

泉汉简中的传信简与居延汉简通泽第二亭的出谷簿。昭帝时期汉简已逐步增多，如居延汉简中的出谷簿与肩水金关汉简中的出入符等。宣、元时期是河西边塞发展的辉煌时期，简牍数量多，纪年前后相接，各类簿籍文书十分丰富，不少简册反映出边地人员往来的频繁。如悬泉汉简中的元康四年（前62）鸡出入簿，元康五年（前61）过长罗侯费用簿，永光五年（前39）康居王使者册，都反映出边地驿置机构的畅通运转。成、哀、平时期，西汉朝政日衰，但边塞仍正常运行，纪年简前后相接。不过如肩水金关汉简永始三年（前14）诏书还是反映出当时流民四起的社会现象。新莽时期托古改制，简牍上的三（四）、柒（七）、斛（石）、泉（钱）等用字以及新莽职官、地名等都有清晰时代印迹。敦煌马圈湾汉简记载的天凤三年（16）战事，是新莽时期西域失守的体现。东汉建武初年，河西有窦融控制，居延等地出土简牍数量众多，简文反映的匈奴入侵、物价飞涨是当时社会现实的反映。居延汉简于建武八年（32）以后数量突然减少，反映了边塞管理的衰落。不过居延发现的永元器物簿等东汉简册，证明东汉前中期河西边塞仍有戍守。而敦煌汉简、悬泉汉简的时代，东汉光武、明、章、和、安、顺时期均有，是东汉对河西有效管理的体现。

魏晋时期，甘肃出土简牍主要是遣册文书，如武威新华乡发现的青龙四年（236）木牍，是三国曹魏简牍。张掖临泽黄家湾出土建兴元年（313）田产争讼爰书，是西晋简牍。武威旱滩坡墓葬出土升平十三年（369）木牍，是东晋年号简牍。高台骆驼城建元十八年（382）木牍，是前秦时的简牍。武威还出土过西夏木牍，可见甘肃所出简牍延续时间之长。

甘肃出土简牍时代跨度长，一方面是因为边塞驿置机构沿用时间长，体现出朝廷对边疆维护的重视；另一方面是由于甘肃地处西北，中原动荡之际，陇右往往割据偏安，因此有各时段简牍保存。这种现象与南方出土简牍状貌迥异，甘肃所出简牍在历史年代的研究方面价值更为重要。

4. 简牍保存好，富有艺术特色

由于甘肃气候干旱少雨，不少简牍保存在边地沙砾之下，两千多年未受侵扰。因此简牍出土以后，还保持着历史原有状貌。木质纹理清晰，墨色如漆，笔迹纤微可见，宛如新制作书写一般。而简牍的多样材质及形制，皆有重要的艺术研究价值。

甘肃简牍的主体是汉代木简，这些简牍皆为就地取材，材质以松木、胡杨、红柳为主。松木简牍质地细密，纹理清晰，或为单行简，或为较宽木牍，平直如矩，与简上书写细密的文字相映，是难得的艺术珍品。胡杨简牍质地相对酥软，少纹理痕迹，但色泽浅黄，观之可喜。经历史沧桑，胡杨简牍多有横向碎裂痕迹，或稍有弯曲变形，宛如阅历丰富的长者。红柳简牍多用小树枝削成，有的还带有树皮，质地较硬，中间有深色木芯。经千年保藏，红柳简牍或有弯曲变形，但少有裂痕。甘肃出土的竹简虽然数量不多，但边塞发现的竹简保存都比较好，纤细可人，内容多是名籍，字小而密，富有江南风韵。

甘肃简牍的形制多样，有简、两行、牍、检、楬、觚、柿等不同样式。简上文字单行书写，易于编联成册书。两行是文字的双行书写，汉代已有此称谓。敦煌等地出土的一些两行简很有特色，简牍中间隆起，横截面呈钝三角形，在两个侧面写字，界线分明。检为可以加封的简牍，甘肃出土的封简，封泥槽形状多样，有的封泥与束绳均在，可知汉代封检的原貌。楬是签牌，形制较短，一般上面呈半圆形，并画有网格纹标志。觚是多面书写的文字，有三、四、五、六等多个侧面。柿又称削衣，是从简牍上削下的有字部分。多样的简牍形制，是认识古代简牍制度的重要依据。

甘肃简牍保存的册书非常丰富，而且有的册书出土时还用编绳编联在一起，可以观览古代册书的原貌。最著名的是1930年居延出土的"永元

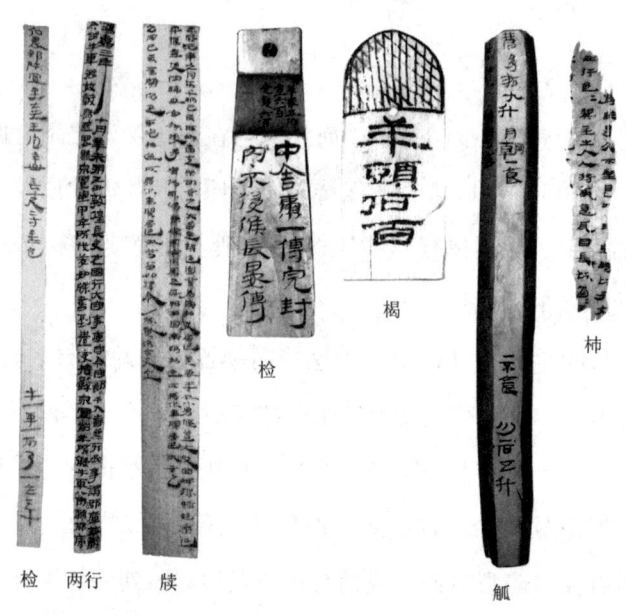

不同形制的简牍

器物簿",共有77枚木简组成,两道编绳依旧,长度达到91厘米,是简牍文物中的精品。又如肩水金关汉简中的"劳边使者过界中费"、悬泉汉简中的"传车亶轝簿",都是古代简册中的代表性文物。甘肃汉简编绳依旧的简册,既是观览汉代册书的实物,同时对于研究古代册书制度也有重要意义。

放马滩秦简
——秦地先民的风俗

天水是早期秦人的发祥地，秦先祖在这里牧马生息，留下了丰富的历史文化遗存。在天水放马滩墓地发现的秦代简牍，反映了秦人的择吉习俗，是探究秦代历史文化的珍贵资料。而珍贵的秦木板地图，体现了秦人的地理认知与地图绘制技术。

一、放马滩秦简的发现与整理

放马滩墓地，位于天水市麦积区（原北道区）党川乡境内，西距麦积山石窟约 20 公里，东距陕西凤县约 40 公里，北依四道岭，南临党川河。1986 年 3 月，天水市小陇山林业局党川林场的职工在放马滩护林站修建房舍时，发现了古墓葬，取出了随葬陶器和部分竹简。随后党川林场将发现情况上报当时的北道区文化馆，北道区文化馆又上报甘肃省文化厅。该年 6—9 月，甘肃省文物考古研究所对墓葬群钻探发掘，出土了秦代简牍及相关珍贵文物。

放马滩墓葬群的时代属于秦汉时期，经钻探发现墓葬 100 余座。考古发掘 14 座，其中秦墓 13 座，汉墓 1 座。这些墓葬地处山前平地，地下水丰富，芦苇丛生，致使墓葬长期浸泡在水中，随葬品保存不好。经考古清理，出土了秦代竹简、木板地图、木板画、毛笔、汉代纸地图及各类陶器、漆器、木器、铜器等五百余件，具有重要研究价值。

放马滩秦简与秦木板地图均出自秦墓 M1。该墓为外椁内棺结构，棺木位于椁室中间靠北。随葬器物 33 种，其中竹简、毛笔及笔套、木楬等置于棺内死者头部右侧，木牍、算筹等置于头箱北侧，其余木尺、漆耳杯、小木棍、陶器等多置于头箱及南边箱。

放马滩秦简共有461枚，皆为竹简，依据形制可分为甲、乙两种。甲种长27.5、宽0.7厘米，共有73枚，保存状况良好，字迹基本清晰。乙种长23、宽0.6厘米，共有388枚，保存状况较差，部分简折断、开裂、字迹漫漶不清。两种简牍均为上、中、下三道编绳，上、下端各空出一厘米为天、地头，以中编为界，形成上、下两栏。简的右侧编绳处有三角形小契口，从契口留存的朽物看，纬编应是丝线。简牍文字书写于篾黄面，契口处多见文字空白，应是先编后写。简上文字或通栏书写，或分栏书写，分栏多以墨点、墨块等作为标记。

放马滩秦简发现以后，甘肃省文物考古研究所对这批简牍开展保护和整理。1989年，甘肃省文物考古研究所、天水市北道区文化馆《甘肃天水放马滩战国秦汉墓群的发掘》对墓葬发掘情况作了介绍，[①] 何双全《天水放马滩秦简综述》对简牍内容作了简介，[②] 何双全《天水放马滩秦墓出土地图初探》探讨了地图内容、相互关系和绘制技术。[③] 同年，甘肃省文物考古研究所编《秦汉简牍论文集》收录了甲种《日书》的释文与何双全关于甲种《日书》的考述。[④] 2002年，雍际春《天水放马滩木板地图研究》出版，对放马滩七幅木板地图作了详致研究。[⑤] 2009年，甘肃省文物考古研究所编《天水放马滩秦简》全面刊布了放马滩秦简及地图的图版与释文，[⑥] 为学界研究提供了宝贵资料。2014年，孙占宇著《天水放马滩秦简集释》对简

[①] 甘肃省文物考古研究所、天水市北道区文化馆《甘肃天水放马滩战国秦汉墓群的发掘》，《文物》1989年2期。

[②] 何双全《天水放马滩秦简综述》，《文物》1989年2期。

[③] 何双全《天水放马滩秦墓出土地图初探》，《文物》1989年2期。

[④] 甘肃省文物考古研究所编《秦汉简牍论文集》，甘肃人民出版社，1989年。

[⑤] 雍际春《天水放马滩木板地图研究》，甘肃人民出版社，2002年。

[⑥] 甘肃省文物考古研究所编《天水放马滩秦简》，中华书局，2009年。

牍重新整理,①特别是在篇目上有调整析合,是这批简牍研究的新成果。同年,陈伟主编《秦简牍合集》第四卷也收录了《放马滩秦墓简牍》,由孙占宇、晏昌贵整理,该著考证细致,收录图版清晰,便于阅读研究。②

---

① 孙占宇《天水放马滩秦简集释》,甘肃文化出版社,2013年。
② 武汉大学简帛研究中心、甘肃简牍博物馆编,陈伟主编《秦简牍合集(肆)》,武汉大学出版社,2014年。孙占宇、晏昌贵等撰著《秦简牍合集·释文与注释修订本(肆)》,武汉大学出版社,2016年。

二、放马滩秦简中的择吉风俗

放马滩秦简的主要内容是《日书》,是秦代择吉风俗的反映。简牍依据形制长短不同而分为甲、乙两种,在内容上既有联系又有不同。

《日书》甲种73枚,简牍相对较长,为秦代一尺二寸简。简文用笔自如,笔画粗细对比鲜明,以圆曲弧线笔画为主,大方秀丽,富有韵味。字体介于篆隶之间,更多小篆笔势,部分字体保留战国古文之风。《日书》甲种的内容,包括建除、刚柔日、生男女、十干占盗、土功、十二支占盗、禹须臾行日、禹须臾所以见人日、吏、禹须臾行不得择日、衣、填穴、犬忌、田龙、塞穴置鼠墼困日等,① 涉及社会生活诸多方面。

《日书》乙种共388枚,长度相对较短,为秦代尺简。简文字形较小,字体与云梦睡虎地秦简相似,更多隶书特色。字体结构和书风与甲种稍异,当为抄写者不同所致。日书乙种的内容比日书甲种更为丰富,其中甲种的内容在乙种中都有出现,或为抄录关系。除了甲种内容外,日书乙种还有牝牡月日、刚柔日、六甲孤虚、归行、反支、生男女、六甲图、候岁、五

---

① 孙占宇、晏昌贵等著《秦简牍合集:释文注释修订本(肆)》,武汉大学出版社,2016年。本章关于放马滩秦简的释文、分章及篇题皆依此著。

音、六甲纳音、律数、占黄钟、星分度、日分、问病、占疾、占音等篇章，内容更加广泛。

放马滩秦简的内容是日书，反映了秦地先民的择吉风俗，尤以建除、出行、占盗、问病、祭祀等方面特色鲜明。

1. 建除择吉

放马滩秦简《日书》甲、乙种都有建除术，内容相似，保存完好。这些建除术逐月记载建除十二神煞所值日支，

天水放马滩秦简

如："正月，建寅，除卯，盈辰，平巳，定午，执未，破申，危酉，成戌，收亥，开子，闭丑。"如是而下，二月建卯，三月建辰，四月建巳，五月建午，六月建未，七月建申，八月建酉，九月建戌，十月建亥，十一月建子，十二月建丑，从而将一年十二个月的建除全部罗列。逐月建除日之后，简文还说明了建除十二神煞值日的宜忌。如："建日，良日殹，可为啬夫，可以祝祠，可以畜大牲，不可入黔首。""除日，逃亡不得，瘅疾死，可以治啬夫，可以徹言君子、除罪。""盈日，可筑闲牢，可入牲，利筑宫室、为小啬夫，有疾难瘳。""平日，可娶妻、祝祠、赐客，可以入黔首、作事吉。"定、执、破、危、成、收、开、闭诸日也各有解说。

放马滩秦简的建除术反映了秦代的择吉风俗，而建除是古代占卜最基础的数术。《史记·日者列传》记载："孝武帝时，聚会占家问之，某日可娶妇乎？五行家曰可，堪舆家曰不可，建除家曰不吉，丛辰家曰大凶，历

家曰小凶，天人家曰小吉，太一家曰大吉。辨讼不决，以状闻。"①其中就有建除家的占卜。《淮南子·天文训》载："寅为建，卯为除，辰为满，巳为平，主生；午为定，未为执，主陷；申为破，主衡；酉为危，主杓；戌为成，主少德；亥为收，主大德；子为开，主太岁；丑为闭，主太阴。"②也是建除家择日的记载。当然，《史记》与《淮南子》的记载时代要晚一些，放马滩秦简的时代更早，可见建除家的传承流变。

虽然建除术是古代《日书》的常见内容，但是各家《日书》记载也有一些细微的差别。如关于建除各日的宜忌，云梦睡虎地秦简记载："开日，亡者不得，请谒，得。言盗，得。"③随州孔家坡汉简记载："开日，亡者不得，可以请谒，言盗，必得。"④而放马滩秦简记载："开日，逃亡不得，可以言盗，盗必得。"内容略有小异。又如闭日，睡虎地秦简："闭日，可以劙决池，人臣徒、马牛、它牲。"⑤孔家坡汉简："闭日，可以入马牛、畜牲、禾粟，居室，娶妻，入奴婢，破堤。"⑥而放马滩秦简记载："闭日，可以陂堨，入人奴妾。"这其中也有表述的区别。究其原因，可能是由于时代及地域的不同，《史记·太史公自序》说："齐、楚、秦、赵为日者，各有俗所用。"⑦因此考察这些建除术表述的差异，对于认识秦汉时期日书文献不断丰富变化的过程很有意义。

---

①《史记》卷127《日者列传》，第3222页。
② 何宁《淮南子集释》，中华书局，1998年，第262页。
③ 睡虎地秦墓竹简整理小组《睡虎地秦墓竹简》，文物出版社，1990年，第183页。
④ 湖北省文物考古研究所、随州市考古所《随州孔家坡汉墓简牍》，文物出版社，2006年，第130页。
⑤ 睡虎地秦墓竹简整理小组《睡虎地秦墓竹简》，第183页。
⑥ 湖北省文物考古研究所、随州市考古所《随州孔家坡汉墓简牍》，第130页。
⑦《史记》卷130《太史公自序》，第3318页。

2. 出行择吉

出行择吉，是指人外出时对时辰方向的占卜选择。放马滩秦简关于出行择吉的占卜方式多样，如《禹须臾行日》，记载了一月三十日的旦、日中、昏、夜四个时段宜于出行的方向。"入月一日，旦西吉，日中北吉，昏东吉，中夜南吉。""入月五日，旦南吉，日中西吉，昏北吉，中夜东吉。"这种按日期和时辰占卜吉凶的文书，查询便捷，是广泛使用的一种择吉术。孔家坡汉简也有类似记载，《禹须臾行日》："入月廿六日，廿七日，廿八日，廿九日，卅日，旦西吉，日中北吉，昏东吉，中夜南吉。"① 对比两种文献，可见汉代择吉术已有所概括，叙述更加简洁。又放马滩秦简《日书·十二支占行》："子，西凶，北得，东吉，南凶。""丑，西凶，东、北吉，南得。""寅，西凶，北得，东、南逢言。""卯，西、东吉，南得，北凶。"这种占卜对十二支的东西南北四向出行吉凶做出预判，以供出行选择。如果某日必须出行，时辰与方向不可改变，也有禳解的办法，如《禹须臾行不得择日》："出邑门，禹步三，向北斗，质画地。祝之曰：'禹有直五横，今利行，行毋咎。为禹前除道。'"这是出门临时禳解求吉的方法。

放马滩秦简出行宜忌文书更多记载的还是应避忌的日辰与方位。如《十干占行》记载："甲乙毋东行，丙丁毋南行，戊己毋作土功，庚辛毋西行，壬癸毋北行。"这是从天干说明应该避讳的日子。还有如《归行》："丙寅、丁卯、壬戌、癸亥以行，亡。归，死。""凡黔首行远役毋以甲子、戊辰、丙申，不死必亡。""行忌，春三月己丑不可东行，夏三月戊辰不可南行，秋三月己未不可以西行，冬三月戊戌不可北行。百里大凶，二百里外必死。"记载了各种不利出行的日辰与方位。这类择吉术内容具体，直言触犯忌日的

---

① 湖北省文物考古研究所、随州市考古所《随州孔家坡汉墓简牍》，第149页。

后果。

如果出行有特殊的对象,也有对应的时辰吉凶。代表性的文献如《吏》,记载了十二支日出行拜见上司的时辰吉凶,很有特色:"子,旦有言,喜,听。晏,不听。昼,得美言。夕,得美言。""丑,旦有言,怒。晏,得美言。昼,遇恶言。夕,恶言。"这就对不同日期的不同时辰求见上司的结果作了预判,以供占日者选择,可见当时社会风俗。

3. 占盗问询

放马滩秦简中有关逐捕盗贼的文书,在甲、乙两种《日书》中都有,是占卜择吉的重要内容。

《十干占盗》是利用天干来占卜,说明某日失盗时盗贼所处的位置、盗贼的特征以及盗物能否追获等事项,如简文记载:

> 甲亡,盗在西方,一宇中食者五口,疵在上,得,男子殹。
> 乙亡,盗青色,三人,其一人在室中,从东方入,行有遗殹,不得,女子殹。
> 丙亡,盗在西方,从西北入,折齿,得,男子殹,得。
> 丁亡,盗女子殹,在东方,其疵在足,巳南矣,不得。

《十二支占盗》则是利用地支来占卜,同样是对盗者出入方位、藏匿之处、外貌特征、能否寻获等情况的说明。

> 子,鼠殹。以亡,盗者中人,取之,藏穴中粪土中,为人锐面,小目,目盱然,扁然,名曰"辄"、曰"耳"、曰"蒽"、曰"声",贱人殹,得。
> 丑,牛殹。以亡,其盗从北方入,喜大息。盗不远,旁桑殹,得。

寅，虎殹。以亡，盗从东方入，又从之出。藏山谷中，其为人方面，面广颊，圆目。盗它所人殹，不得。

卯，兔殹。以亡，盗从东方入，复从出，藏深林草茅中，为人短面，出，不得。

十二支占盗，更重要的价值在于占盗文书将地支与十二禽对应，开启了后世十二生肖的先河。当然，放马滩秦简与后世十二生肖还不完全相同，它的对应关系为子鼠、丑牛、寅虎、卯兔、辰蟲、巳鸡、午马、未羊、申石、酉鸡、戌犬、亥豕。同类性质的文书，在睡虎地秦简、孔家坡汉简中都有发现。睡虎地秦简的对应关系是子鼠、丑牛、寅虎、卯兔、辰□、巳蟲、午鹿、未马、申环、酉水、戌老羊、亥豕；孔家坡汉简的对应关系是子鼠、丑牛、寅虎、卯兔、辰蟲、巳虫、午鹿、未马、申玉石、酉水日、戌老火、亥豕。相比较而言，放马滩秦简中的十二禽与后世十二生肖更为接近，可能反映了秦地与楚地传承的不同。后世十二生肖在东汉已趋于定型，王充《论衡·物势》及《言毒》记载了十二支与十二禽相配，已与后世十二生肖相同。考察放马滩秦简《十二支占盗》中的十二禽记载，对于认识十二生肖的形成过程十分重要。

值得关注的是，放马滩秦简中的十二支占盗，盗者的肖像及所处的环境与十二禽往往对应。如上述简文中子日为鼠，盗者肖像为"锐面小目"，与鼠形相似。盗者所处"藏穴中粪土中"，也与老鼠生活环境相类。又如午日为马，盗者"为人长面，大目，喜疾行"，与马的外貌习性相似。盗者所处"在厩虎刍藁中"，也是马的生活环境。这类占卜，是将十二支与十二禽联系起来的推论。

4. 疾病占问

人食五谷而生百病，放马滩秦简中有问询疾病的占卜文书，说明病情发展方向，是古代数术与方技相结合的体现。如《问病》记载：

> 凡人来问病者，以来时投日、辰、时数并之。上多下占病已，上下等曰垂已，下多上一日未已而几已，下多上二日未已，下多三日日尚久，多四、五、六日久未知已时，多七日癃不已，多八、九日死。

这种占卜是通过日、辰、时数的运算来预判疾病的发展情况，或病已，或垂已，或几已，或未已，或日尚久，或未知已时，或癃不已，或死，说明疾病发展的不同后果。这些术语，也可见古人在医学方面的认知。

又《占病祟除》对致病作祟的原因占卜：

> 一天殹，公外。二地，社及位。三人鬼，大父及殇。四［时］，大遏及北公。五音，巫帝、阴雨公。六律，司命、天□。七星，死者。八风，相芟者。九水，大水殹。

这类占病祟除文献，是占卜致病作祟的鬼神，以便通过祭祷等方式加以祓除。《左传·昭公元年》："晋侯有疾，郑伯使公孙侨如晋聘，且问疾。叔向问焉，曰：'寡君之疾病，卜人曰实沈、台骀为祟，史莫之知。敢问此何神也？'"[①] 这是晋叔向问郑子产晋侯得病的原因，以为是神作祟所致。

---

① ［周］左丘明传、［晋］杜预注、［唐］孔颖达正义《春秋左传正义》，北京大学出版社，1999年，第1158页。

又王充《论衡·祀义》:"世信祭祀,以为祭祀者必有福,不祭祀者必有祸。是以病作卜祟,祟得修祀,祀毕意解,意解病已,执意以为祭祀之助,勉奉不绝。"① 可见通过修祀来除祟,达到消除疾病的目的,是古人解除疾病的常见方式。

5. 死者禁忌

放马滩秦简乙种《日书》有六枚简,记载了一个名叫丹的人死而复生的故事,引起了学界关注。简文如下:

> 八年八月己巳,邸丞赤敢谒御史,大梁人王里□徒曰丹,□今七年,丹[刺]伤人垣雍里中,因自[刺]殹。□之于市三日,葬之垣雍南门外。三年,丹而复生。丹所以得复生者,吾犀武舍人。犀武论其舍人尚命者,以丹未当死,因告司命史公孙强,因令白狐穴掘出。丹立墓上三日,因与司命史公孙强北出赵氏之北地柏丘之上。盈四年,乃闻犬狐鸡鸣而人食。其状类益,少眉,墨,四肢不用。丹言曰:"死者不欲多衣,死人以白茅为富,其鬼贱于它而富。"丹言:"祠墓者毋敢哭。哭,鬼去惊走。已,收馈而蘆之,如此鬼终身不食殹。"丹言:"祠者必谨扫除,毋以淘□祠所。毋以羹沃馈上,鬼弗食殹。"

这则故事情节曲折,讲述大梁一个名叫丹的人因刺伤人而被处死,被埋葬在垣雍南门之外。三年后丹死而复生。丹之所以死而复生,是因为魏将军犀武的舍人掌管生命,认为丹未当死,告诉司命史公孙强,让白狐从穴中挖掘出来。丹在墓上三日,和司命史公孙强北出到了赵地。过了四年,

---

① 黄晖《论衡校释》,中华书局,1990年,第1047页。

丹才能够听见动物的叫声，吃人的饭。丹状貌类似缢死者，少眉毛，黑色，四肢废而不能动。丹告诉人们死者的种种忌讳，如死人不愿多穿衣服，死者以白茅草为富有。祭祀的时候不要哭泣，哭泣的话鬼就会离开。祭祀结束后如将祭品埋了，鬼就不会再吃了。祭祀的时候要认真打扫，不要将淘过东西的水浇在祭品上，这样鬼不会吃。

因为这则故事曲折生动，特别是丹死而复生的情节，与六朝志怪小说《搜神记》中的一些内容相似，引起了学界关注，认为是时代最早的志怪故事，[1] 是简牍文学作品的代表。也有学者认为本篇故事的主人公丹就是墓主，所以将这则故事命名为《墓主记》。[2] 近年来北京大学藏秦代简牍中有一篇《泰原有死者》的文献，说："泰原有死者，三岁而复产，献之咸阳。"也是讲死而复生的故事。而且后面的内容也是讲鬼的忌讳，以及祭祀鬼神应该注意的事项，有些内容与放马滩秦简丹的叙述相似。如说："死人之所恶，解予死人衣。""祭死人之冢，勿哭，须其已食乃哭之。""祠，毋以酒与羹沃祭。"[3] 可见这类文献的核心是讲死者的禁忌。其实汉代也有类似的文献，如悬泉汉简记载："其死者，毋持刀刃上冢，死人不敢近也。上冢，不欲哭，哭者，死人不敢食，去。即上冢，欲其□。"（T1410③:72）[4] 可见这类文献内容相近。因此放马滩秦简中丹的故事，性质上也应属日书文献。

放马滩秦简的择吉占卜文献非常丰富，除了上述内容外，诸凡嫁娶生子、伐木动土、修门筑室、种植裁衣等都有相应的择吉方法，是认识秦人风俗的宝贵资料。

---

[1] 李学勤《放马滩秦简中的志怪故事》，《文物》1990年第4期。
[2] 何双全《天水放马滩秦简综述》，《文物》1989年第2期。
[3] 李零《北大秦牍〈泰原有死者〉简介》，《文物》2012年第6期。
[4] 胡平生、张德芳《敦煌悬泉汉简释粹》，上海古籍出版社，2001年，第183页。

三、木板地图与秦人的地图绘制技术

天水放马滩一号秦墓出土了非常珍贵的七幅秦木板地图,这是目前发现年代最早的古代地图实物,具有很高的文物和科学价值。

1. 地图的绘制状况

放马滩地图与竹简同出一号秦墓,地图绘制在四块木板上,木质为松木,墨线绘制。其中三块为双面绘制,一块为单面绘制。除一幅是半成品外,其他六幅较完整。地图绘制了地形、河流、关隘等地形地貌,并有地名标注。

木板一(M1:7+8+11)长26.7、宽18.1、厚1.1厘米,因压裂分成三块,可缀合复原。表面平整,两面绘制,因水浸渍,画面多有不清。正面为图一,线条勾勒地形,注明"邸""封丘""广堂""中田""南田"等十处地名,使用方框表示。背面为图二,线条勾勒地形,注明"广堂""中田""故西山""故东谷"等九处地名。其中"中田""广堂"外加方框,其他未加。图中还有束腰形符号与亭形符号。该图最有价值的是下部标出了"北方"二字,可知该地图方向是上南下北,与中山国"兆域图"及马王堆汉墓帛书地图方向一致。

木板二(M1:9)长26.6、宽15、厚1.1厘米,单面绘制,为地图三。

线条勾勒地形,并有五处半圆、椭圆符号,注明"上临""苦谷"等十五处地名。值得关注的是这些地名有的还说明里程,如"亢到口廿五里""松刊十五里"等,对认知地图的地理范围极有价值。

木板三(M1:12)长26.5、宽18.1、厚1.1厘米,双面绘制。正面为图四,内容丰富,线条勾勒地形,注明"苦谷""九员""上临""下临"等十一处地名。有些地名说明里程,如"去谷口可五里"。有些地名说明林木情况,如"阳有蓟木""阳尽桐木"等。全图中间有两条线,一条弯曲,一条较直,外围也有不封合曲线。背面为图五,绘有未封合的曲线和三角形、尖钉状的符号,无文字,应是未完成的地图,地图线条构形与马王堆帛书驻军图相似。

木板四(M1:21)长26.8、宽16.9、厚1厘米,双面绘制。正面为图六,

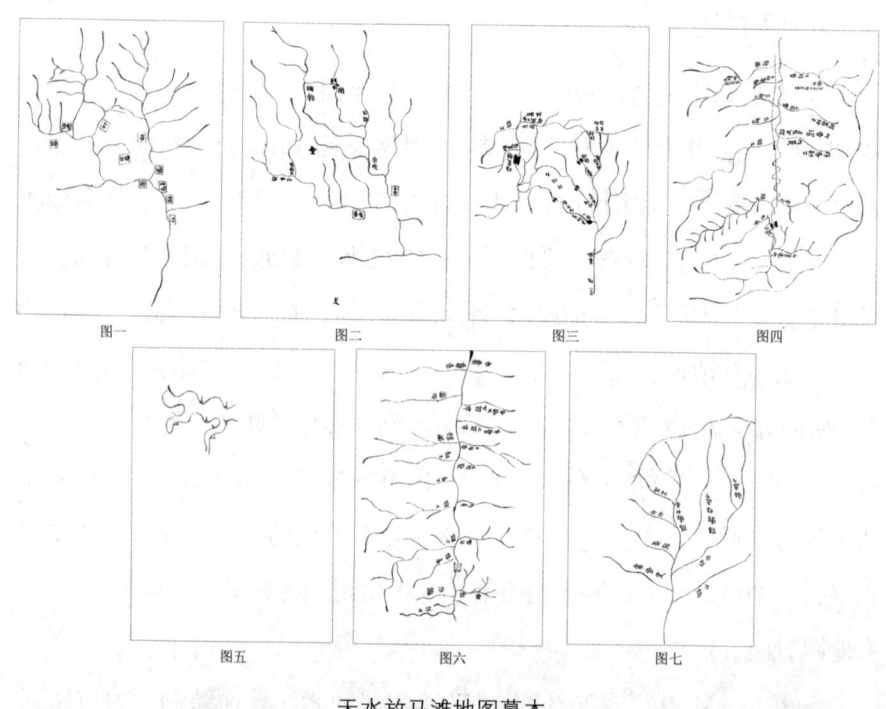

图一　　　　图二　　　　图三　　　　图四

图五　　　　图六　　　　图七

天水放马滩地图摹本

线条勾勒地形,中部线条上绘有一处圆形束腰符号,注明"苦谷""九员""虎溪""上临""下临"等地名十八处。背面为图七,图未满幅,线条勾勒地形,标有"广堂夬""孟溪""束比""苦夬"等地名九处。

从以上木板地图的绘制可以看出,地图绘制详略不同,符号多样。有些相同地名在不同图幅中出现,有助于理解七幅地图的关系。

2. 地图之间的关系

解读放马滩地图的信息,关键在于理解地图的方向、地图之间的关系,以及地图与现代地理的对应关系。

确认地图的方向是解读地图的首要因素,因放马滩地图文字模糊,原整理者释读图二下方的模糊字形为"上"字,认为该字提示了地图的方向,应该是上北下南,与现代地图方向相同。后来经红外线摄影技术拍照,才知图二下方是两个字"北方",这样就确认地图方向是上南下北,与其他地域出土的中国古代地图方向一致。借助于这一认知,就可以对木板地图做出正确解读,并理解各图之间的关系。

放马滩地图各图之间有一些相同的地名,有助于探究各地图之间的关系。图一的地名"中田""广堂"也见于图二,二者水系画法相似,可知图二应在图一左上侧。图七有地名"广堂夬",图二、图一中有"广堂",应是同一地点。而图七的水系,与图二、图一也大致接近,只是标注的地名更多一些,应是同一水系。图三下部的水系与图七相同,而且图三中间有一条明显的分界线,可知为南北向水道的分界。图三上部有"苦谷""上临"等地名,又见于图四,因此图四可接图三的上方。图六的水系与图四可相接,图四中出现的地名"九员""下临"等,也出现在图六中,因此图六应在图四上方。通过这种讨论,可以看出放马滩木板地图的关联性。从上至下,也就是从南向北,图六、四、三、七、二、一依次相接,内容清晰。

当然，这种地图的拼接，并不是否认每幅地图的独立性。这些地图各自表现一定范围的地貌特征，而且各图都将主干河流置于中间解明位置，对象明确，地图界限分明，地貌特征清晰，反映出地图绘制的科学与规范。

3. 地图表示的地理范围

由于放马滩地图准确绘制了地形地貌，而且还标注了具体的地名，就可以探究地图表示的实际地理范围。

首先，地图上标注的"北方"二字非常有价值，它说明了地图的方向，为确认地图所绘地理范围提供了依据。图二的地貌特征，依据线条可知主要是河流走向，而"北方"的图示说明了图二河流是从南方流向北方，这就可与现在的地貌相对照。

其次，地图上的轮廓分界线有助于地理认知。特别是图三中间的分界线，说明了南北两条河流的相反流向。而天水放马滩正处在秦岭南北分界线上，山岭以北，水北流入渭河，属黄河流域。山领以南，水南流入嘉陵江，为长江流域。由此可知地图地貌与放马滩周边地理相合。

再次，地图上有一些地理数据，如图三说"松刊十五里"，图四说"去谷可五里"，这可起到比例尺的参考作用，知单幅地图大致范围在数十里之间，有助于确认地理范围。

按理说，地图的地名标注应是确认地理位置的最重要信息，可是放马滩地图标注的地名都是当地很具体的小地名，难以从史籍上得到印证。早期整理者认为图一有地名"邽丘"，应是秦在天水设置的邽县。可是后来红外线照片显示该地名应是"封丘"，而且该地名与其他地名一样都用方框标注，显示不出级别的高低，也无助于地理位置的确认。不过地图上有些地名如图一的"南田""中田""右田"有助于确认地图方向,图四的"上临""下临"有助于理解地图的地势高低。这些信息，对于理解地图现在的地理位置都有益处。

正是在以上地图信息的支持下，天水放马滩地图的地域可以如下认知：这幅地图是对天水放马滩周边地理状貌的描绘。地图上展示的地貌中间是山岭，南部与北部都有河流，相反而流。考察放马滩周边地形，会发现放马滩南部有花庙河南向而流，汇入嘉陵江。放马滩北部有永川河、东柯河北向而流，汇入渭河。再对比这些河

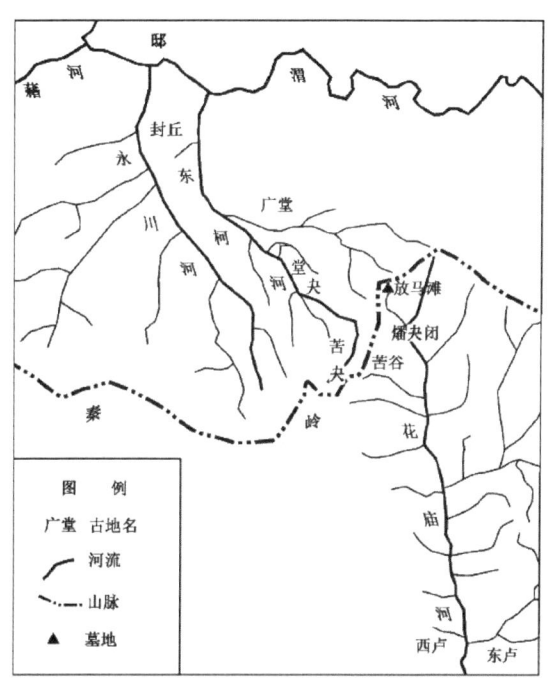

天水放马滩地图今地示意图

流的地貌特征，会发现地图所展示河流流向、支流分布皆与现代地貌相合。甚至可以对照出地图上的地名与现代地名的关系，如图六所标注的"东卢""西卢"，应该就是花庙河的东沟、西沟。而地图三的"燔夬闭"应是今天的燕子关。当然，确认了地图所指的现今地理范围，地图上没有说明地名的一些标识如渭河，也可得到确认。

天水放马滩地图不仅产生时代早，而且内容非常丰富，地貌绘制清晰，标注文字简明，说明地图方向，地图与地图之间可以相互衔接，反映出秦人卓越的地图绘制技术。

———
敦煌汉简
边关重镇的控守

敦煌地处甘肃西端，是汉朝接通西域的交通要地。汉朝在敦煌修筑长城烽燧，设置玉门关、阳关，留存了丰富的简牍文书。二十世纪初叶，西方探险家的考古探险，揭开了敦煌军事塞防的面貌。新中国成立以后，马圈湾汉简、玉门关汉简的发现，又丰富了敦煌简牍文化的内涵。敦煌汉简，以其丝路咽喉的出土地点而反映了汉代边关的控守状态。

一、敦煌汉简的发现与整理

近世简牍学的兴起肇始于敦煌汉简的发现,敦煌汉简的整理与研究又促进了简牍学的发展。敦煌汉简发现的特殊背景使简牍学一开始就具有了国际化视野,而百年来敦煌地区汉简发现接续不断,研究成果日新月异,也折射出简牍学清晰的历史发展轨迹。

1. 斯坦因所获敦煌汉简的发现与整理

斯坦因(1862—1943),英籍匈牙利人,著名探险家,考古学家。1901年,斯坦因第一次中亚考察在我国新疆尼雅等地掘得一批汉文及佉卢文简牍。1906年,斯坦因第二次中亚考察,10月重访尼雅遗址,12月在楼兰发现一批汉文及佉卢文简牍。1907年3月,斯坦因到达敦煌疏勒河流域进行古长城考察。关于这次考察,斯坦因的兴趣很明显是在古代文物的探寻上,而简牍的发现尤其使他兴奋。正是汉简的发现使他认清了敦煌长城遗迹的性质,他说:"在长城戍堡的附近,以及在戍堡比邻的房屋建筑附近都有古代垃圾堆。根据经验,我安排民工仔细地进行挖掘。很快,我们就发现了不少写有汉字的木片。这让我兴奋不已。那些有汉字的小木片上都有年号。我的中文秘书蒋师爷粗略地检视了一遍,说木片上所书的年代大多是在 1 世纪。感谢上天眷顾，原来我正站在一座历史宝藏的门口。有字的木片无疑是古代汉文文书——木简，而且是迄今为止存世最早的汉文文献。这些木简的发现充分说明，我眼前的古长城遗迹应该是中国西汉王朝修建的。"① 纪年简的发现，使斯坦因明白了脚下的长城是西汉时所建，汉简的时代又是他所见年代最早的汉文文献，兴奋之情溢于言表。斯坦因还利用纪年简判定了长城修建的具体年代："我在对长城最西端一个戍堡的附属建筑完成考古发掘的清理之后，发现出土文物中最重要的是一大块有汉文文字的木板，那上面有太始三年（前94）的年号。这一直观证据所表明的历史事实与我对此所作的推想完全一致。这块木简的发现带给我的喜悦是巨大的。根据木简的记载，当地的地名是大煎都。长城西端军事设施的这一名称，也曾出现于我在其他遗址中发现的古代文书中。其中一片木简上有太始元年年号。有鉴于此，我们已经有确凿的证据说明长城在公元前96年已经修筑到它现在的尽头了。"② 正是在简牍文物发现的激励下，从3月到5月，斯坦因逐一考察了敦煌南北两塞所能发现的所有烽燧，掘获了3100多枚汉简及大量珍贵文物。当然，所获简牍文物和他从王道士手中获得的莫高窟经卷文书一起被送到英国伦敦，现藏于大英图书馆。

斯坦因第二次中亚考察报告于 1921 年在牛津出版，名为《塞林提亚——

---

① [英]斯坦因著，巫新华译《沿着古代中亚的道路：斯坦因哈佛大学讲座》，广西师范大学出版社，2008年，第179页。

② [英]斯坦因著，巫新华译《沿着古代中亚的道路：斯坦因哈佛大学讲座》，第188页。

中亚与中国西域考古记》①,后中方学者翻译为《西域考古图记》。②其中的简牍文献,由法国著名汉学家沙畹(Edouard Chavannes)承担整理。1913年,沙畹在牛津出版了《斯坦因在东土耳其斯坦考察所获汉文文书》,③收录斯坦因在新疆、甘肃所获简牍991枚,其中汉文简牍702枚,包括大部分简牍的实物照片。沙畹在该书中著录了各简编号,记录了原简长度宽度,次以释文及考证。由于沙畹的释文为最早释文,现在来看,还是有重要参考价值。

1908年,罗振玉听说斯坦因从我国西陲得汉晋简册载归英伦的事件,深感"神物去国,恻焉疚怀"。因"两京遗文,犹未寓目",1911年他写信向沙畹求索简影。1912年,沙畹将手稿寄给了正在日本考释甲骨的罗振玉。罗振玉得到此本后,大为欣喜,于是和王国维对简牍文书展开集中考释研究。罗振玉说:"今则斯氏发幽潜于前,沙氏阐绝业于后,千年遗迹顿还旧观,艺苑争传,率土咸诵,两君之功可谓伟矣。顾以欧文撰述,东方人士,不能尽窥,则犹有憾焉。因与同好王君静安分端考订,析为三类,写以邦文,校理之功,匝月而竟,乃知遗文所记,裨益至宏。"④1914年,由罗、王二

---

① Stein, Aurel, Serindia, Detailed Report of Explorations in Central Asia and Western most China Carried out and Described under the Orders of H.M.5 vols.Oxford.1921.

② [英]奥雷尔·斯坦因著,中国社会科学院考古研究所译《西域考古图记》,广西师范大学出版社,1998年。

③ Chavannes, Edouard, Les documents chamois decouverts par Aurel steindans Les sables du Turkestan oriental .1vol.Oxford.1913.

④ 罗振玉、王国维著《流沙坠简·序》,中华书局,1993年,第1页。

人合著的简牍学名作《流沙坠简》在日本京都出版。①

《流沙坠简》收录了斯坦因所获汉简文书585件，②依据简文内容和性质不同而分为三类。第一类为小学术数方技书65件，如《苍颉》《急就》历谱、日书。第二类是屯戍丛残390件，为边塞屯戍日用文书。第三类是简牍遗文86件，主要为各类书信。此外《补遗》收录尼雅文书44件。《流沙坠简》采用分类著录的方法收录了这批简牍的图版、释文和内容考释。由于罗、王二人具有深厚的国学积累，在简文考释方面取得了杰出的成就，充分揭示了简牍的历史文献价值。而该书所采用的依照简文内容分类著录的方法，对于简牍文书的研究提供了经典范例，开启了简牍文书学研究的先河。

斯坦因1914年考察敦煌显明燧（T8）旁的积薪

1914年，斯坦因第三次中亚考察再次来到敦煌，他说："从3月17日起，我的工作地点又在中国古代的长城线上了，我还时常回忆起1907年那里进行的成果累累的劳动。我十分清楚，当时出于环境的限制，我在系统考察长城遗址时留下了一些缺憾。

---

① 罗振玉、王国维著《流沙坠简》，日本京都东山学社，1914年。该书初版问世后，作者陆续有所订补，1916年上海仓圣明智大学广仓学窘丛书本。1934年，该书再版，上海永慕园丛书增订本。1993年中华书局据1934年本影印。

② 何立民《简帛学研究的开山之作——读〈流沙坠简〉并论王国维先生简帛文书研究的贡献》，《南方文物》2010年第3期。

此次我重回这一地区,其重要原因之一就是想尽量弥补这些缺憾。我这次对敦煌长城进行的考察,只不过是对《西域考古图记》中详细内容的补充和继续。"① 此次斯坦因继续对疏勒河流域汉代烽燧遗址考古发掘,在敦煌汉塞发现简牍 84 枚,在安西、酒泉两县汉塞发现汉简 105 枚。这些汉简,后来也统称为敦煌汉简,现藏于大英图书馆。

斯坦因第三次中亚考察的报告 1928 年出版,名为《亚洲腹地——中亚、甘肃和伊朗东部考古记》。② 这次发现的简牍,由沙畹的学生马伯乐(Henri Maspero)整理。由于第二次世界大战等原因,迟至 1953 年,马伯乐整理的《斯坦因第三次中亚考察所获汉文文书》才在伦敦出版,③ 而这已是马伯乐去世十年之后的事了。在马伯乐著作问世之前,中国学者张凤旅法留学时从马伯乐处得到了斯坦因第三次中亚探险所获简牍的照片。1931 年,他将这批材料连同斯坦因第二次考察所获简牍资料一起刊布,出版了《汉晋西陲木简汇编》,④ 使国人得以先睹该批汉简的面貌。由于张凤刊布的有些简牍照片为马伯乐书所无,因此仍有参考价值。

斯坦因第二次与第三次中亚考察所获敦煌汉简对简牍学的建立和发展产生了重大影响,释文整理也在不断推进。1984 年,林梅村、李均明编《疏勒河流域出土汉简》对斯坦因所获敦煌汉简集中整理,重新编号,推进了

---

① [英]斯坦因著,巫新华等译《亚洲腹地考古图记》,广西师范大学出版社,2004 年,第 487 页。

② Stein, Aurel, Innermost Asia, Detailed Report of Explorations in Central Asia, Kansu and Eastern Iran, 4 vols. Oxford. 1928.[英]斯坦因著,巫新华等译《亚洲腹地考古图记》,广西师范大学出版社,2004 年。

③ Maspero, Henri, Les documents Chinois de la troisieme expedition de Sir A urel Stein en Asie centrale.1vol. British Museum, London.1953.

④ 张凤:《汉晋西陲木简汇编》,上海有正书局,1931 年。

相关研究。①1990 年，甘肃省文物考古研究所编《敦煌汉简》，②以及吴礽骧、李永良、马建华编《敦煌汉简释文》，③对这两批汉简都有收录。2001 年初世宾主编《中国简牍集成》也收录了这批汉简，④由吴礽骧整理，不仅对简文标点断句，还有语词注解，有助于学术研究。

尽管有上述学者的整理，但是由于斯坦因所获汉简实物保藏在英国大英图书馆，一般学者很难看到简牍实物，因此在很长一段时期，很少有人知道沙畹、马伯乐所考释的汉简，只是斯坦因所获汉简中较为完整清晰的一部分，还有数量更多的简牍残片长期以来没有得到足够的重视。1990 年，日本学者大庭脩对大英图书馆所藏简牍整理研究，出版了《大英图书馆藏敦煌汉简》。⑤该书除了收录沙畹和马伯乐已经公布的简牍之外，还附收了 300 余幅原来没有发表过的木简照片。但是由于照片比较模糊，此书又是在日本出版，国内影响不是很大。1993 年，郭锋在《斯坦因第三次中亚探险所获甘肃新疆出土汉文文书》的附录二中也指出，斯坦因第二次所获敦煌木简，尚有大批未予刊布，"简皆寸余或不满尺之碎片，或二三字或十余字，隶书，漫漶难识者居多。""其未刊布之敦煌木简尚有近两千号。"⑥

直到 21 世纪初，才有中、英学者联合对这些简牍残片系统整理出版，这就是 2007 年出版的由汪涛、胡平生、吴芳思主编的《英国国家图书馆

---

① 林梅村、李均明编《疏勒河流域出土汉简》，文物出版社，1984 年。
② 甘肃省文物考古研究所编《敦煌汉简》，中华书局，1991 年。
③ 吴礽骧、李永良、马建华编《敦煌汉简释文》，甘肃人民出版社，1991 年。
④ 中国简牍集成编辑委员会编《中国简牍集成》第三册《甘肃省卷上》，敦煌文艺出版社，2001 年。
⑤ 大庭脩《大英图书馆藏敦煌汉简》，京都同朋舍，1990 年。
⑥ 郭锋《斯坦因第三次中亚探险所获甘肃新疆出土汉文文书》，甘肃人民出版社，1993 年，第 124~125 页。

藏斯坦因所获未刊汉文简牍》，①对斯坦因所获未刊汉文简牍全面收录，刊布了这些汉简的释文、图版，并加了新的编号。这样，"斯坦因第二次中亚探险在敦煌所获未刊汉简当为2398简，加上已发表的702枚，可知斯坦因二探在敦煌所获汉简当为三千一百多枚。"②

2. 周炳南、夏鼐所获敦煌汉简的整理与公布

敦煌研究院收藏有一组旧简，共计17枚，嵌于一木匣内，木匣上写有题记，说周炳南"民国九年（1920）春军次旅行时，掘得于敦煌西北古玉门关城外之沙滩中"。如是，这批简牍也出自敦煌。简文仅一枚完整，余皆残断。初世宾《关于敦煌文物研究所收藏的一组汉简》对这批汉简作了考释，认为"这十七简尽管残断而字数不多，但对研究敦煌的早期历史及其敦煌与西域的密切关系，仍不失为是一批重要的历史资料。"③简文还收录于《散见简牍合辑》④《敦煌汉简》《敦煌汉简释文》等著作。《中国简牍集成》也对此标点收录，认为"玉门关城即小方盘城，但确切的出土地点不明。据此简的书体观察，除1433、1447两号简为东汉简外，其余各号简似皆为晋简"。⑤

1944年，前西北科学考察团历史考古组赴河西地区考古调查，夏鼐、

---

① 汪涛、胡平生、吴芳思编《英国国家博物馆藏斯坦因所获未刊汉文简牍》，上海辞书出版社，2007年。
② 张德芳、郝树声《斯坦因第二次中亚探险所获敦煌汉简未刊部分及其相关问题》，汪涛、胡平生、吴芳思编《英国国家博物馆藏斯坦因所获未刊汉文简牍》，上海辞书出版社，2007年，第77页。
③ 初世宾《关于敦煌文物研究所收藏的一组汉简》，《敦煌研究》1985年第3期。
④ 参见李均明、何双全编《散见简牍合辑》，文物出版社，1990年，第1页。
⑤ 中国简牍集成编辑委员会编《中国简牍集成》第四册《甘肃省卷下》，敦煌文艺出版社，2001年，第14页。

阎文儒在敦煌小方盘城遗址附近获汉简77枚,这是我国学者亲自考察所获敦煌汉简。1948年夏鼐对这些简牍作了考释,连同原简照片以《新获之敦煌汉简》为名发表于中央研究院《历史语言研究所集刊》第19本。夏鼐的整理详细记载了木简的形制、长宽与厚度,录出释文,并做了释文考释。该批简现藏于台湾中研院史语所。2017年,简牍整理小组《居延汉简(肆)》以"中央研究院历史语言研究所藏敦煌汉简"为名全面刊布了这批简牍的图版和释文。

3. 马圈湾汉简的发现与整理

1979年,甘肃省文物工作队与敦煌县文化馆在考察敦煌烽燧遗址时,在小方盘城以西十一公里的马圈湾发现一座斯坦因当年考察时所遗漏的汉代烽燧遗址,编号为D21。是年九月中旬至十月上旬,甘肃省文物工作队对该遗址考古发掘,理清了遗址的基本结构,出土丝织品、木、竹、草、铁、铜器、粮食标本及其他文物共343件,帛书1件,汉简1217枚。①

马圈湾汉简是敦煌汉简发现以来出土汉简数量较多的一次。简牍出土以后,甘肃省文物工作队及后来的甘肃省文物考古研究所负责整理考释,图版与释文收录于1990年中华书局出版的《敦煌汉简》。同年,吴礽骧、李永良、马建华编著的《敦煌汉简释文》也由甘肃人民出版社出版,其主体内容也是马圈湾汉简。同时,马圈湾遗址的考古报告《敦煌马圈湾汉代烽燧遗址发掘报告》也在上述二著中发表。该报告详细介绍了马圈湾遗址的具体位置及发掘经过、遗址形制与分期、出土器物、帛书、简牍等方面的内容。特别是简牍内容的概述,介绍了简牍的制作材料及形制、时代分期、

---

① 甘肃省文物考古研究所《敦煌马圈湾汉代烽燧遗址发掘报告》,甘肃省文物考古研究所编《敦煌汉简》,中华书局,1991年。

马圈湾烽燧遗址全貌

文书类别及主要内容,可知马圈湾汉简的基本状貌。

马圈湾汉简的内容十分丰富,但是由于简牍的模糊残断,书写的自由随意,特别是这批汉简中草书较多,释读工作需要不断推进。21世纪以来,红外线摄影技术在简牍整理工作中起到了重要作用。张德芳新整理的《敦煌马圈湾汉简集释》利用重新拍摄的彩色图版与红外线图版对马圈湾汉简重新校释,①并结合学术界已有的研究成果,对简文内容集释疏证。正如王子今评价:"《敦煌马圈湾汉简集释》最突出的成就,是发表了最清晰的红外扫描图版。""著者在公布每条简文释文之后,以'校释''集解'和'今按'的形式发表了研究心得,其中体现了对王国维、劳榦等前辈学者学术风格、学术路径的继承,也参考了裘锡圭、胡平生等学者对马圈湾汉简研究的成果。"② 由于该书图版精良,释文也有诸多改进,赢得了学界好评。

---

① 张德芳《敦煌马圈湾汉简集释》,甘肃文化出版社,2013年。
② 王子今《简牍学新裁——评张德芳著〈敦煌马圈湾汉简集释〉》,《光明日报》2014年4月15日。

4. 新出敦煌汉简的整理

除了马圈湾汉简之外，20世纪七八十年代，在敦煌汉塞还零星发现过一些简牍，也是敦煌汉简的组成部分。

1977年8月，嘉峪关市文物保管所在玉门花海农场附近的汉代烽燧遗址采集汉简91枚。从地点来看，这批汉简属于汉代酒泉郡北部都尉，但是由于这批汉简后来收入了《敦煌汉简》一书，所以也泛称为敦煌汉简。嘉峪关市文物保管所《玉门花海汉代烽燧遗址出土的简牍》对这批汉简的内容综合考述，揭示了简牍学术价值。①

1981年3月，敦煌市博物馆在酥油土烽燧遗址采集汉简76枚，出土状况及简文考释见敦煌县文化馆《敦煌酥油土汉代烽燧遗址出土的木简》，②对简文涉及敦煌郡中部都尉燧次、汉代惊候符的使用、守御器品、击匈奴降者令等问题有详细考证。

1986至1988年间，敦煌市博物馆在全市文物普查中又陆续在汉代烽燧遗址采集汉简137枚，敦煌市博物馆《敦煌汉代烽燧遗址调查所获简牍释文》介绍了简牍出土地点与释文。③何双全《敦煌新出简牍辑录》对这些简牍的出土时间和地点整理说明，并重新校理了释文。④

以上零星出土的敦煌汉简，均收录在中华书局出版的《敦煌汉简》和

---

① 嘉峪关市文物保管所《玉门花海汉代烽燧遗址出土的简牍》，甘肃省文物工作队、甘肃省博物馆编《汉简研究文集》，第15~33页。

② 敦煌县文化馆《敦煌酥油土汉代烽燧遗址出土的木简》，甘肃省文物工作队、甘肃省博物馆编《汉简研究文集》，第1~14页。

③ 敦煌市博物馆《敦煌汉代烽燧遗址调查所获简牍释文》，《文物》1991年第8期。

④ 何双全《敦煌新出简牍辑录》，《简帛研究》第一辑，法律出版社，1993年，第221~235页。

吴礽骧、李永良、马建华编著的《敦煌汉简释文》中。《中国简牍集成》又标点注解,并对各批次简牍的出土时间、地点及遗址状况有具体介绍。

5. 玉门关汉简的发现与整理

20 世纪 90 年代以来,敦煌汉塞又陆续出土过一些简牍,其中以小方盘城出土汉简为代表,后来这些简牍被收入《玉门关汉简》一书,[①]是新整理出版的敦煌汉简。

1998 年,为配合敦煌小方盘城加固维修,敦煌市博物馆对小方盘城周围进行调查发掘,清理了小方盘城西南角及南侧的灰区堆积,出土汉简342 枚,是该遗址集中出土汉简最多的一次。

1990 年,敦煌市博物馆在悬泉置遗址先后采集到汉简 50 枚。因1987—1989 年敦煌市博物馆在悬泉置采集的汉简已收入《敦煌汉简》一书,1990—1992 年甘肃省文物考古研究所在悬泉置遗址发掘的汉简独立整理发表,故 1990 年发现的 50 枚汉简收入到《玉门关汉简》一书中。

此外,敦煌市博物馆历年来在敦煌汉塞发现过一些汉简,如 1988 年在条湖坡采集 4 枚,人头疙瘩采集 10 枚,1990 在玉门关采集 1 枚,1987 和 2000 年在东碱墩采集 2 枚,1991 年在高望燧采集 1 枚,1992 年酥油土采集 1 枚,2000 年在盐池墩采集 1 枚,2009 年在贼庄子采集 6 枚,1990 年在清水沟东墩采集历谱一册,共 27 枚,其他简牍 14 枚,2008 年在一棵树烽燧采集汉晋简牍 16 枚,以及采集时间不详者窑湾南墩 2 枚。上述十一个地点总采集汉简 79 枚,均收入《玉门关汉简》一书。

除了上述简牍外,《玉门关汉简》还收录了《敦煌汉简》1218—1430 号

[①] 敦煌市博物馆、甘肃简牍博物馆、陕西师范大学人文社会科学高等研究院编《玉门关汉简》,中西书局,2019 年。

简牍的新拍摄图版和释文，也是敦煌汉简的继续整理。

此外，对敦煌汉简集中整理的著作是白军鹏的《敦煌汉简校释》，[①] 该著将历年来出土敦煌汉简全部收录，并对释文细致校释，多有所获。

从上来看，历年来敦煌发现汉简批次多，出土地点分散，将这些不同地点出土汉简综合考证，可丰富对汉代敦煌历史文化的认知。

---

① 白军鹏《敦煌汉简校释》，上海古籍出版社，2018年。

二、汉代敦煌的边塞防御组织

敦煌汉简是汉代敦煌郡的屯戍档案，内容涉及政治法律、经济文化、历史地理、民族外交等各个方面。但最主要的特色，还是对汉代敦煌边塞防御管理的详实记录。

1. 汉代敦煌郡行政管理

汉代敦煌郡是西北地区的前沿边郡，是扼守与管控西域的重要门户，也是丝绸之路上中西文明交流的重镇。无论是在行政管理还是军事防御上，敦煌郡都具有极为重要的地位。

汉代敦煌郡的设立，《汉书·武帝纪》说元鼎六年（前111）"乃分武威、酒泉地置张掖、敦煌郡，徙民以实之。"①而《汉书·地理志》记载："敦煌郡，武帝后元年（前88）分酒泉郡置。"②从简牍资料来看，后者似更为合理。③《汉

---

① 《汉书》卷6《武帝纪》，第189页。
② 《汉书》卷28《地理志》，第1614页。
③ 刘光华《敦煌建郡于汉武帝后元元年辩》，《秦汉史论丛》第二辑，陕西人民出版社，1983年；郝树声《汉河西四郡设置年代考辨（续）》，《开发研究》1997年第3期。

书·地理志》《续汉书·郡国志》记载两汉敦煌郡管辖六县,为敦煌、龙勒、效谷、广至、冥安、渊泉,包括今敦煌市、瓜州县所属地域。

敦煌郡最高行政长官是敦煌太守。由于敦煌郡地理位置特殊,敦煌太守在维护边境安全、保障丝绸之路畅通、促进东西文化交流、团结周边民族、抵御外来入侵等方面作用重要。史书记载汉代敦煌太守的名字,西汉时期有汉宣帝神爵年间的敦煌太守快,东汉时期有辛彤、裴遵、王遵、曹宗、张珰、张朗、徐由、裴岑、马达、宋亮、赵咨、赵岐等人。而据简牍文书,可知西汉时期敦煌太守有登、快、常乐、步、千秋、恭、弘、强、山都、通、贤、宗、吉、宽、汉昌、永等人物,简牍文书丰富了对汉代敦煌太守的认知。①

关于敦煌郡所辖属县,根据简牍文献及考古调查可知,敦煌县为敦煌郡治,位于今敦煌市稍西的故沙州城。龙勒县辖汉敦煌郡西南地域,县治今敦煌南湖寿昌城。效谷县辖汉敦煌郡中部地域,县治在今敦煌市东北地域,或说今敦煌郭家堡镇墩墩湾古城。②广至县在汉敦煌郡中部地域,效谷县东,县治或说在今瓜州县踏实乡西北破城子。③冥安县在汉敦煌郡东南部,县治今瓜州县东南的锁阳城。渊泉县在汉敦煌郡东北地域,县治或说瓜州县的四道沟故城。④

汉简中关于汉代敦煌县治的记载,最有特色的是东西方向的反映。由于汉代敦煌郡属县总体上沿疏勒河流域而设置,因此东西走向鲜明。而汉简出土地点也是在疏勒河流域的汉代烽燧遗址,因此简文中颇多"东书""西书"的记载,是汉代敦煌郡对各县域有效管理的体现。

---

① 张德芳《两汉时期的敦煌太守及其任职时间》,《简牍学研究》第五辑,甘肃人民出版社,2014年。

② 李并成《河西走廊历史地理》,甘肃人民出版社,1995年,第124页。

③ 李并成《河西走廊历史地理》,第130页。

④ 李并成《河西走廊历史地理》,第119页。

　　　　　　　　　　二封诣府，一封冥安长印。

　　出西书三封，置记二

　　　　　　　一封酒泉太守章，一封毋印章诣敦煌。十二
　　　　　　　月癸酉大农付乐至卒印尸　　敦1291

　　这枚汉简属于邮书簿，记载了向西寄送的三封书信。其中两封是从冥安县、酒泉太守府送到敦煌太守府。另一封毋印章，送到敦煌县。由于这枚汉简出自敦煌悬泉置，可知汉代冥安县在悬泉置东，敦煌太守府在悬泉置西。从冥安送书信到敦煌太守府要经过悬泉置，汉简就这样反映出汉代敦煌郡县的地理及交通信息。

2. 汉代敦煌的边塞设置

　　汉代的敦煌郡，地处西北边疆前沿，北有匈奴的进逼，南有羌人的犯塞，东接酒泉而西通西域，军事活动频繁。汉朝在此建立了严密的军事防御组织，实现了对边疆的有效管控。

　　汉代敦煌郡的军事防御，是依托塞防的修筑而建立。汉武帝即位后，一改前朝向匈奴贡献女子财物的和亲政策，采取了全面的军事反攻。元狩二年（前121），霍去病出师河西，敦煌地区亦归汉朝管辖。元封三年（前108），汉派遣赵破奴与王恢击破姑师，虏楼兰王，汉因而掌控了西域东部地区。在这种背景下，"于是酒泉列亭鄣至玉门矣。"[1] 从酒泉列亭鄣至玉门，正是敦煌郡建立汉塞的情况。太初三年（前102）李广利伐大宛得胜之后，"西至盐水，往往有亭。"[2] 敦煌汉塞已经延伸到西域东部。由此可知，汉武

---

[1]《史记》卷123《大宛列传》，第3172页。
[2]《史记》卷123《大宛列传》，第3179页。

帝元封、太初年间前后，是敦煌汉塞建立的关键时期。汉塞是守卫敦煌安全的重要屏障，汉元帝时的郎中侯应曾说："至孝武世，出师征伐，斥夺此地，攘之于幕北。建塞徼，起亭燧，筑外城，设屯戍以守之，然后边境得用少安。"①正是对武帝建立汉塞功业的肯定。

由于敦煌汉塞地处边徼，汉世之后，为人迹罕至之地，所以经过了两千多年，敦煌汉塞仍得到比较好的保存。1907年斯坦因考察敦煌汉塞时说："横在我脚下的残迹，自为以前那些流徙绝塞的人占据以后，平静寂寞不为人兽所扰者历好几世纪。"②时到今日，敦煌地区的汉代塞防依然是保存最完好、特色最鲜明的汉长城代表。例如疏勒河汉塞当谷燧（D24）周边的塞防，一层芦苇和一层沙砾交替修筑，层距0.2米，塞防最高处2.95米，顶宽0.65米，非常雄伟壮观。汉塞南侧，还留存有五个汉代积薪，积薪以红柳、芦苇交替堆积，最大的一座东西长3.1米，南北宽2.35米，高1.55米。这些汉塞遗存，是观览汉代军事防御最重要的标本。

汉代敦煌军事管理，集中体现在塞防体系的建立。汉代敦煌郡的军事塞防由敦煌太守负责，玉门都尉、阳关都尉、中部都尉、宜禾都尉分部管理，都尉之下，设立候官、候部、烽燧，管理体系严密。

玉门都尉管辖敦煌郡西部塞防，治所在小方盘城（D25，T14），③下辖大煎都、玉门两个候官。

大煎都候官在敦煌汉塞最西端，治所在凌胡燧（D3，T6b）。汉简记载

---

① 《汉书》卷94《匈奴传》，第3803页。
② ［英］斯坦因著、向达译《西域考古记》，第180页。
③ 按：敦煌汉塞烽燧编号，以D开头者为甘肃省文物考古研究所编号，以T开头者为斯坦因编号，参吴礽骧《河西汉塞调查与研究》所附《河西汉塞遗址编号对照表》，文物出版社2005年，第193—196页。本节敦煌汉塞的论述也参考了该著，第49~95页，依新出简牍资料有所修正。

当谷燧附近的汉塞

了大煎都、万世、广武、通望、步昌等候长，厌胡、大煎都、步昌、富昌、美水等士吏，步昌、广昌、斥地等候史，广昌、厌胡、大煎都、凌胡、步昌、益昌、广武、富昌、获虏、斥地、美水、破胡、延年、遮虏等燧长。从汉塞烽燧来看，大煎都候官管辖三段烽燧，西南段自 D1 至 D10，长约 33 公里。西北段自 D6 至 D8，长约 11 公里。东段自 D10 至 D14，长约 14 公里，东与玉门候官相接。由于大煎都候官西通西域，因此军事战略地位重要。

玉门候官在大煎都候官之东，马圈湾烽燧（D21）为玉门候官所在地。汉简记载了玉门候官所辖显明、诛虏、玉门、虎猛、大福、西塞、临泽、北部等候长，却适、诛虏、广汉、玉门、远望、推贤等候史，显明、临泽、广明、诛虏、威严、千秋、临要、广汉、当谷、远望、玉门、虎猛、宜秋、勇敢、察适、富贵、受降、仓亭、止奸、推贤、步偷、广新等烽燧。从汉塞来看，玉门候官西自 D15 接大煎候官，东到 D32 接中部都尉平望候官，共长 36 公里。而从小方盘城（D25）向南又有一道汉塞接通阳关，长约 28 公里。玉门候官因地处东西与南北交通的重要地位，且玉门都尉府驻守小方盘城，东有大方盘城粮仓，是关隘戍守要地。

阳关都尉守卫敦煌郡南塞，在龙勒县地域。阳关都尉的候部烽燧情况所知不多，悬泉汉简中有"南塞三候"的记录（Ⅱ 0215 ③:46），则阳关都尉下辖三个候官。目前可知者，有博望、雕秩二候官。从汉塞来看，阳关都尉所辖塞防一条是北线，接通小方盘城；另一条应是东西方向，但保存不好。从这种塞防布局可以看出阳关在敦煌南塞的守卫与交通作用。

中部都尉辖敦煌郡北部中段边塞。汉简记载："四月戊午，敦煌中部都尉过伦，谓平望、破胡、吞胡、万岁候官，写重，案候官亭隧。"（敦1366）可知中部都尉下辖平望、破胡、吞胡、万岁四个候官。但《汉书·地理志》说："中部都尉治步广候官。"一般认为步广候官是西汉晚期破胡候官的更名。

平望候官，汉简记载了平望、朱爵、东部、西部等候长，以及青堆、博望、朱爵、遮奸、珍故、遮虏等烽燧。从汉塞来看，平望候官西起D33，与玉门候官相接，东至D41，与破胡候官相接，塞防长约20公里。

破胡候官，汉简记载有西部候部、当会候长、隐乐候长、止奸燧、宗民燧。步广候官，汉简记载有破虏、步广、威胡、玄武、止寇、捕虏、沙上等烽燧。破胡候官西自D42，与平望候官相接，东至D57，与吞胡官相接，塞防长约23公里。

吞胡候官，汉简记载有东部候长。汉塞西自D58，与破胡候官相接，东到D74，与万岁候官相接，塞防长约20公里。

万岁候官，汉简记载有西部、万岁、东部、高望等候长，以及杨威、显武、高望、安田、安汉等烽燧。汉塞西起D75，与吞胡候官相接，东到D82，与宜禾都尉相接，塞防长约31公里。

中部都尉拱卫敦煌北部，军事地位重要。从候部烽燧名称来看，主要取意御敌灭寇，也可见边塞防御职能。

宜禾都尉驻守敦煌郡北部东段边塞，横跨效谷、广至、冥安等县。汉简记载："·宜禾部蜂（烽）第：广汉第一，美稷第二，昆仑第三，鱼泽第四，宜禾第五。"（敦1683）可知宜禾都尉下辖的五个候官。从候官名称可以看出，宜禾都尉所辖塞防以多农业命意，地理特色鲜明。

3. 汉代敦煌的关隘设置

汉代敦煌郡地处丝绸之路中西交通的咽喉，汉朝使者出使西域，西域王公贵人来到中原，敦煌都是必经之地。从敦煌出使西域，到达天山南麓诸国的道路称为北道，到达昆仑山北麓诸国的道路称为南道，这两条道路的汇聚点正在敦煌。《汉书·西域传》记载西域地理时说："东则接汉，厄以玉门、阳关，西则限以葱岭。"① 可见敦煌的玉门关、阳关是管控西域的重要门户。

玉门关属玉门都尉管辖。因为小方盘城是玉门都尉驻地，是敦煌汉塞保存最好的汉代城障遗址，因此一般把小方盘城看作汉代玉门关的象征。玉门关是联通西域的重要门户，关隘的检查管理是其主要职责。汉武帝太初元年（前104），贰师将军李广利出师征伐大宛，因路途遥远粮食缺乏而退师敦煌。"天子闻之，大怒，而使使遮玉门，曰军有敢入者斩之！贰师恐因留敦煌。"② 所谓"而使使遮玉门"，指汉朝派出使者在玉门关撼拦，不让李广利军返回，正反映出玉门关在关隘管理方面的作用。汉简文献对于玉门关的管理也有记载：

出南校楡一，玉门关候诣龙勒，居摄元年九月庚戌日　敦 624A

敦煌玉门关候孙间，公乘，治次命金董录强力事□　敦 671

玉门关啬夫效谷玉光里公乘张敞，年卅七移　Ⅱ 98DYT2:10

故玉门关佐孙相兄赏诣　Ⅱ 98DYT2:18

以上数枚汉简，反映了玉门关职官设置的情况。玉门关候，以候的身

---

① 《汉书》卷96《西域传》，第3871页。
② 《史记》卷123《大宛列传》，第3175页。

份管理关隘。玉门关有关啬夫、关佐负责具体事务管理。

阳关，属阳关都尉管辖，在敦煌龙勒县境。《汉书·西域传》记载："出阳关，自近者始，曰婼羌。"① 可见阳关是通达西域南道的要隘。

   七月戊寅起破羌亭，行八十里，莫宿阳关　98DYC:28
  ·三月吏员簿：长以下卅二人，卅一人长，秩四百石。守阳关候一人，丞秩二百石，见　Ⅱ90DXT0215③:29

上两简反映出阳关也有"守候"管理的情况，与管理玉门关的玉门关候相似。简文还反映出阳关是交通要地，边塞人员往往在阳关休整，而后踏上丝路征程。

---

① 《汉书》卷96《西域传》，第3875页。

三、敦煌汉简记载的西域战事

敦煌汉简主要记载边塞吏卒日复一日的戍守生活，日迹巡察，修治劳作，朝出暮归，岁月悠悠。不过边塞最为严酷的还是弩矢横飞的战争，如敦煌汉简记载新莽时期征伐西域的战事，就反映出边疆战争的残酷艰辛。

1. 王莽征伐西域的历史记载

西汉后期，朝政腐败，外戚专权。汉元帝皇后王政君历元、成、哀、平四世，王氏权倾朝野。王莽建立新朝，对内复古改革，对外歧视边疆民族，社会动荡不安。而西域地区，自汉宣帝以来一直由汉朝派出的西域都护稳定管理，到了新莽时期，由于匈奴侵扰，焉耆等国先后反叛，杀害西域都护但钦。天凤三年（16），王莽派五威将王骏出师征伐，最终军败身亡，中原王朝又失去了对西域的管辖。史书对王骏征伐西域有所记载：

《汉书·西域传》：其后莽复欺诈单于，和亲遂绝。匈奴大击北边，而西域瓦解。焉耆国近匈奴，先叛，杀都护但钦，莽不能讨。天凤三年，乃遣五威将王骏、西域都护李崇将戊己校尉出西域，诸国皆郊迎，送兵谷，焉耆诈降而聚兵自备。骏等将莎车、龟兹兵七千余人，分为数部入焉耆，焉耆伏兵要遮骏。及姑墨、尉犁、危须国兵为反间，还共袭击骏等，皆杀之。唯戊己校尉郭钦别将兵，后至焉耆。焉耆兵未还，钦击杀其老弱，引兵还。莽封钦为剼胡子。李崇收余士，还保龟兹。数年莽死，崇遂没，西域因绝。①

从史书记载来看，始建国年间，由于匈奴入侵，西域焉耆先叛，杀了西域都护但钦。天凤三年，王莽派五威将王骏、西域都护李崇、戊己校尉郭钦出师西域，焉耆诈降，王骏先至焉耆，遭焉耆伏击，王骏被杀。郭钦等将兵击焉耆老弱而还，李崇则退保西域。后数年，李崇败没而西域断绝。

2. 敦煌汉简对天凤三年战事的记载

史书对王莽征伐西域的战争是轮廓性的记载，简牍文书则有更多的细节，对于认识战局的复杂、战事的紧急、战争的严酷都是难得的资料。

首先，汉简反映出新莽天凤年间西域地区复杂的斗争形势。王莽执政时期，西域叛乱的主导是焉耆，而背后影响更大的势力则是匈奴的介入。

炬恭奴、遮焉耆，殄灭逆虏　　敦 98

焉耆虏还，且将秦八千人皆发，与南将军期会车师　　敦 149

共奴虏可千骑来过敦，诸尉吏在者至鄣所部，保城　　敦 115

车师，略诸侯，欲以威西域，贪狼桀黠狂狡，尤为诸国贼乱，戊部众　　敦 72

从简牍文书中可以看出，当时匈奴与焉耆联合，是挑战汉朝统治西域

---

① 《汉书》卷96《西域传》，第 3927 页。

的重要势力。焉耆出师七八千人，与匈奴南将军约定在车师击汉军。而车师有汉朝戊己校尉戍守，可见局势的复杂。匈奴还有千骑左右逼近敦煌，汉塞各都尉诸吏要保守在城障之内以作防御。匈奴侵入车师，暴略诸国，示威西域，正是西域诸国叛乱的重要推手。

其次，汉简反映出焉耆之战将士们欲依托河西军队进行反攻，以期收地复仇。

二十六日，上急责发河西三郡精兵，□度以十一月　敦51

赍五十日粮，还诣部，尽力拒虏，不敢遗死力，臣厶前比比上书，请河西精兵　敦139

之张掖，宁发卢水五百人，功卿与同心士六十人俱未有发，日此近谓第一部千八十人者也，议遣君威来出　敦58

假敦德库兵奴矢五万枚，杂驱三千匹，令敦德廪食，吏士当休，马审处　敦80

郡前以过大军，空室，殊不能卒以一月内发也　敦101

简文反映出，为了抵御匈奴及镇压西域叛乱，边塞将士希望从河西地区征调军队支援。文书屡言"河西三郡精兵""河西精兵"，可见河西地区是管控西域的重要后防。除征发军队外，还需要征调作战物资，如从敦煌库征调大量箭矢和各种杂畜以备战。但实际上当时敦煌已多次接待大军，财物空虚，无力供应更多的作战物资，可见当时边疆作战的困窘形势。

"河西三郡精兵"简影

再次，汉简展示了战争的严酷。远征将士深入西域，遭到焉耆伏击，戊己校尉部失利，退守敦煌，处境十分艰辛。

  少罢，马但食枯葭饮水，恐尽死，欲还，又迫策上责 敦 43
  兵皇张，兵以马为本，马以食为命，马不得食，前郡 敦 123
  粮食殚尽，吏士饥馁，马畜物故什五，人以食为命，兵 敦 135
  送食运常逋，不以时到，吏士困饿，毋所假贷 敦 102
  困甚，愿加食，毋乃饱者忽于饥乎，留意，闻兵起居，愿亟 敦 103
  □欲相助为省□，顾致不可不食耳，何敢望肉，愿敕 敦 136
  □地之鱼，命在瓮盆，必欲案 敦 153

这些简文，生动地描述了汉军失败后的仓惶之状。当时最主要的问题是食粮缺乏。马匹没有吃的，只能吃干枯的芦苇。马匹"物故什伍"，即半数都已死亡。战斗时最重要的依靠是马匹，所谓"兵以马为本"，而"马不得食"，则难以为战。同样，将士也没有吃的，"粮食殚尽，吏士饥馁""吏士困饿，毋所借贷"，将士们饥肠辘辘，向朝廷请求增加粮食，以至于激愤不已，说上级部门"毋乃饱者忽于饥乎"，不管什么粮食，能填饱肚子就可以了，"何敢望肉！"将士们明确认识到身处困境，灭亡不久，就像鱼儿坠于地上，置于盆中，死亡即在眼前。这类记载，使我们对当时西北边疆战争状况有了真切的认知。

敦煌汉简关于天凤三年王骏征伐西域的档案文献十分珍贵，补充了史书记载的不足。而简文的记述更加具体、生动、形象，展示出了汉代边地战争的真实面貌。其中战局的复杂，战争的严酷，将士们生活的艰辛，都是通过仓促写就的汉简文书叙述出来，正体现出土文献独特的史料价值。

居延汉简
——汉代边塞的屯戍

发源于祁连山的黑河，经张掖绿洲后，折而向北，流向地域广阔的额济纳旗，下游称之为额济纳河。汉代曾在额济纳河绿洲设置居延县，属张掖郡管辖。二十世纪以来，在额济纳河流域的汉代烽燧遗址先后发现三万多枚汉简，学术界称之为居延汉简。

一、居延汉简的发现与整理

近世居延地区的简牍发现,起源于西北科学考查团在额济纳河流域的科学考察。瑞典考古学家贝格曼在居延汉塞发现上万枚简牍,轰动一时。新中国成立后,文物考古工作者又在居延遗址发现了数量更多的汉简文物,引起学界广泛关注。

1. 居延汉简的发现与整理

居延汉简的发现,是中瑞西北科学考查团科学考察的产物。十九世纪末二十世纪初,西方探险家在中国西北地区肆无忌惮的盗掘活动,激起了国人的愤慨,一批有识之士将国内知识界联合起来,成立了"中国学术团体协会",准备"自己出发到各地搜集材料,以为精深研究的预备"。[①]1926年末,瑞典探险家、地理学家斯文·赫定再次来华考察,受到了觉醒的国人的抵制。斯文·赫定曾于1900年发现楼兰古城,为国内学者所知晓。此次斯文·赫定受德国汉莎航空公司之托而开展考察,有人员和资金的支持。因此"中国学术团体协会"与斯文·赫定几经谈判而后达成协议,成立"中

---

① 徐炳昶《西游日记》序言,第2页。

徐炳昶（右）、斯文·赫定（中）、袁复礼（左）在研究考察路线

瑞西北科学考查团",由北京大学教务长徐炳昶任中方团长,斯文·赫定任西方团长,对中国西北地区开展联合考察。此次考察达成协议规定所采集文物归中方所有,因此与之前西方探险家的盗掘活动有本质区别。

1930年,中瑞西北科学考查团成员贝格曼来到额济纳河流域,开始长城烽燧的考察。4月26日,他来到了博罗松治(P9),他说:"我曾于1927年路过波罗桑齐遗址。我现在决定绘制这些废墟的草图。与考古学家黄文弼以前在此的心情一样,我并没有期待有任何发现。"① 可是,无意之间的一个小事件却激发了他对这片土地的兴趣:

> 当我测量这个长方形墙体时,钢笔掉在地上。我弯腰捡钢笔的一刹那,意外发现钢笔旁有一枚保存完好的汉朝硬币——五铢。于是我开始仔细四处搜寻,不一会儿又发现了一个青铜箭头和另一枚五铢。……第二天,从最东边开始挖掘,很快就发现了窄条的木简,其形状大致与斯文·赫定在楼兰故城找到的写有一篇手稿的木简一样。斯坦因也在甘肃西北部和新疆发现过这种东西。在我捡起这块用墨写

---

① [瑞典]贝格曼著、张鸣译《考古探险手记》,第120页。

着依稀可辨的汉字的木简之前，不停地对发掘工王说要注意察看木简上的每一个符号。这个发现使我激动不已。我们带着极为兴奋的心情又开始四处搜寻起来，果然，不一会儿就找到另几块保存更好的木简。①

正是在简牍发现的激励下，贝格曼沿着额济纳河自北向南开展了系统的调查。一个个重要遗址显现了出来，甲渠候官遗址破城子（A8）发现汉简4422枚，卅井候官遗址博罗松治（P9）发现汉简346枚，肩水金关遗址（A32）发现汉简724枚，肩水候官遗址地湾（A33）发现汉简2383枚，肩水都尉府大湾遗址（A35）发现汉简1334枚……② 至1931年3月27日结束工作时，已经发掘出10200多枚汉简及大量汉代文物。

依据西北科学考查团达成的协议，1931年5月，居延汉简被运至北京。贝格曼、刘复、马衡作了初步的分类工作。6月3日，贝格曼返程回瑞典。刘复、马衡指导傅振伦、傅明德对简牍编号、登记、录副、制卡，并由北大文史研究院照相室侯印卿摄影。③ 简牍的释文工作，按照西北科学考查团理事会的安排，要由瑞典汉学家高本汉、法国学者伯希和以及北大教授马衡、刘复共同完成。但实际上高本汉与伯希和并未参加，刘复因兼有他职而参与不

贝格曼在考察途中

---

① ［瑞典］贝格曼著、张鸣译《考古探险手记》，第120页。
② 陈梦家《汉简缀述》，中华书局1980年，第7~8页。
③ 傅振伦《〈居延汉简飘流记〉质疑——与小泽同志商榷》，《中州今古》1996年第4期。

多，只有马衡一人坚持工作。到1934年初，完成了瓦因托尼（A10）和大湾（A35）出土的1700多枚汉简的释文。

鉴于形势的变化，1933年7月，北大文学院院长兼北平图书馆委员会委员长胡适、中研院史语所所长兼北平图书馆副委员长傅斯年决定将居延汉简从北平图书馆搬至北大文史研究院考古学会。考释人员也有所增加，除马衡外，还有北平图书馆的向达、贺昌群，北大的余逊和史语所的劳榦等人。1936年，劳榦、余逊二人将部分考释手抄在西北科学考查团稿纸上，用晒蓝纸印刷，后称"晒蓝本"。这是最早的居延汉简释文稿本，考释汉简3055枚，约占总数的三分之一。贺昌群记录的《汉简释文初稿》后来由国家图书馆整理出版。①

1937年7月7日，卢沟桥的烽火打乱了北京的平静，北京的大专院校和科研机构紧急南迁。万余枚居延汉简身处危境，汉简的释文和照片已不知去向。8月，中瑞西北科学考查团理事会的干事沈仲章在时任故宫博物馆馆长徐森玉的鼎力相助下，将居延汉简秘密运出北京，经天津、上海而至香港。经香港大学教授许地山协力，暂存于冯平山图书馆。傅斯年安排沈仲章对居延汉简重新登记，并由当时的香港商务印书馆拍摄分色及红外线玻璃片，共719片，九千余枚汉简简影悉在其中，部分无字简或过于残缺者未予拍摄。照片拍摄完毕，沈仲章冲洗两份，一份寄往上海商务印书馆制版，另一份寄到昆明，由劳榦考释研究。②

1942年，太平洋战争爆发，香港沦陷，整理工作又被迫中断。居延汉简由时任驻美大使胡适联系运至美国国会图书馆寄存。直到1965年，由胡适经手，居延汉简才由美国运至台湾，现存于台北中研院史语所。

---

① 贺昌群《汉简释文初稿》，北京图书馆出版社，2005年。

② 马先醒《汉居延志长编》，台北国立编译馆，2001年，第311页。

坚持居延汉简整理研究的是早期在北京参加过整理的劳榦。抗日战争爆发后，劳榦随中研院史语所徙迁长沙、昆明及四川南溪，仍坚持居延汉简研究。他依据沈仲章在香港所拍摄照片重新作了释文，1943年撰成《居延汉简考释·释文之部》，在四川南溪县李庄影印出版，四卷四册，手写石印。1944年，又出版《居延汉简考释·考证之部》，二卷二册，手写石印。受当时条件约束，该书简牍收录并不全，且未有图版。即使这样，劳榦的整理依然为居延汉简的研究作出了开创性贡献。1949年11月，上海商务印书馆又用活版印刷了《居延汉简考释·释文之部》，更便于学界研究。1957年，劳榦在台湾出版了《居延汉简·图版之部》，使世人第一次得睹居延汉简的图版，推进了居延汉简更加广泛深入的研究。

新中国成立后，对居延汉简的整理研究工作高度重视。1959年，科学院考古研究所依据当时留在大陆的简牍图版整理出版了《居延汉简甲编》，[1]共收录2555枚简牍的照片、释文和索引。此后的二十多年里，该书成为简牍学研究的重要材料。1980年，中国社会科学院考古研究所编著的《居延汉简甲乙编》由中华书局出版，[2]该书收录了居延汉简的全部释文和图版，并附录了汉简出土地点等相关资料，明确了每一枚汉简的出土地点，从而使居延汉简的研究有了地理坐标的支撑。

随着学术研究的推进，不少学者对《居延汉简甲编》及《居延汉简甲乙编》的释文提出校正意见。特别是1973年居延新简出土以后，对居延汉简的释文校正有重要借鉴。1987年，谢桂华、李均明、朱国炤编著《居延汉简释文合校》，吸收学术界研究成果，[3]对居延汉简释文集中订正，受

---

[1] 中国科学院考古研究所《居延汉简甲编》，科学出版社，1959年。
[2] 中国社会科学院考古研究所编《居延汉简甲乙编》，中华书局，1980年。
[3] 谢桂华、李均明、朱国炤《居延汉简释文合校》，文物出版社，1987年。

到学术界好评。2001年,《中国简牍集成》对《居延汉简》做了新的整理,谢桂华、李均明、张俊民进一步订正了释文,并对释文标点注解,该书还附录了《额济纳河流域汉塞遗址出土简牍地点对照表》等材料,是对居延汉简的一次较好整理。

在台湾地区,居延汉简的整理工作也在不断推进。1988年,中研院史语所成立简牍整理小组,对居延汉简进一步清点整理,出版了《居延汉简补编》。① 该著发表了劳榦考释研究未发表的汉简,以及劳榦已经公布释文但缺漏图版者共1153枚,此外还有台湾中央图书馆藏裘善元旧藏汉简30枚。《居延汉简补编》在图版排列上先用黑白图片原大显示简牍形状,而后用红外线放大图版展示有字的部分,清晰地展现了字迹形状,有利于释文的释读校正。21世纪以来,由于简牍整理技术的发展,大陆简牍学界陆续对早期出土简牍开始再整理,在摄影、排版、释文上都有全新的改变。在此影响下,台湾学者于2013年开始对居延汉简全面整理,运用红外线摄影技术,对简牍图像清晰展示,排版上释文随图版而列,释文也有很大的改进,新整理的《居延汉简(壹—肆)》是一次集成式的全新整理,是目前研究居延汉简最全面最准确的资料。②

而1930—1931年贝格曼居延发掘的考古报告《内蒙古额济纳河流域考古报告》,由瑞典学者博·索马斯特勒姆进行整理,于1956、1958年分两册在斯德哥尔摩先后出版。该报告对汉简出土地点及出土物,做了详细介绍,对于居延汉简的研究有重要参考价值。后来陈梦家对居延汉简的整

---

① 中央研究院历史语言研究所简牍整理小组编《居延汉简补编》,中央研究院历史语言研究所专刊之九十九,1998年5月。

② 简牍整理小组编《居延汉简(壹)》,中研院史语所2014年。简牍整理小组编《居延汉简(贰)》,中研院史语所2015年。简牍整理小组编《居延汉简(叁)》,中研院史语所2016年。简牍整理小组编《居延汉简(肆)》,中研院史语所2017年。

理，正是利用此报告的相关信息取得了重要成绩。后来《居延汉简甲乙编》附录的《额济纳河流域障隧述要》也是据此报告撰写。2014年，黄晓宏、张德芳等学者将该报告翻译出版，更有利于学人参考研究。①

2. 居延新简的发现与整理

由于居延汉简重要的历史文化价值，甘肃文物部门高度重视居延遗址的调查工作。1972年9—11月，甘肃省博物馆文物工作队、酒泉地区文化局、额济纳旗文教局共同组成调查组，对额济纳河下游汉代烽燧遗址进行了广泛的调查。三个月的时间，调查组考察了82处城障、烽燧遗址，采集汉简164枚，其中次东燧（T130）出土156枚。这次文物调查，不仅获得了简牍文物，也为后来的考古发掘奠定了基础。1973年7—9月和1974年7—11月，甘肃省博物馆等单位组成居延考古队，对居延汉代遗址考古发掘，清理了肩水金关遗址（A32）、甲渠候官遗址（A8）和甲渠候官第四燧遗址（P1），三年的调查与发掘，获得汉简21000多枚，这就是著名的居延新简。

甲渠候官遗址又名破城子，1930年贝格曼即在此地掘获汉简四千多枚，认识到该遗址是居延都尉府下辖的甲渠候官。甘肃居延考古队1973—1974年发掘清理探方68个，面积3000平方米，全面揭示了甲渠候官的面貌，包括障、坞、烽台、坞东灰堆等，清理屋舍37间，获得汉简7865枚，其他文物881件。②

甲渠候官遗址出土简牍具有鲜明的特色。首先，简牍文书反映出候官

---

① 弗克·贝格曼考察，博·索马斯特勒姆整理，黄晓宏、张德芳、张存良、马智全翻译，张德芳审订《内蒙古额济纳河流域考古报告》，学苑出版社，2014年。

② 初世宾《居延考古之回顾与展望》，甘肃省文物局、丝绸之路杂志社编《甘肃文物工作五十年》，甘肃文化出版社，1999年，第138页。

甲渠候官遗址的发掘

这一边塞机构的职事及管理体系。候官为都尉府下属机构，下辖若干个候部，候部之下有若干烽燧。甲渠候官的管理体系借助简牍文献已有清晰认知。① 其次，甲渠候官出土了众多的简册文书。房址F22是不足6平方米的小房间，却出土了889枚汉简，其中册书就有数十个。很多册书内容完整，是简牍文物的珍品。再次，甲渠候官出土简册内容丰富，包括了诏书、律令、

居延新简出土情况

---

① 宋会群、李振宏《汉代居延甲渠候官部燧考》，《史学月刊》1994年第3期。

簿籍、品约、司法文书等众多内容，是认识汉代边地社会生活的重要文献。

甲渠候官第四燧是甲渠候官甲渠部所属烽燧，包括烽台、坞壁、屋舍、畜圈等设施，出土汉简 195 枚，其他文物 105 件。

甲渠候官第四燧的发掘

肩水金关遗址出土汉简其实也是居延新简的组成部分，只因简牍数量多，内容集中，后来作了独立的整理出版。

居延新简出土以后，甘肃省文物工作队进行释文整理，分探方及房址记录了每枚简牍的形制、材质、长宽、释文等，建立了详细的资料档案。甘肃居延考古队撰写的发掘简报《居延汉代遗址的发掘和新出土的简册文物》发表于《文物》1978 年第 1 期，介绍了遗址概况和简牍出土情况，公布了"建武三年候粟君所责寇恩事""橐他莫当隧守御器簿"等代表性册书，使居延新简引起了广泛的关注。①

1978 年，国家文物局组织专家对七十年代新出土的简帛文献如长沙马

---

① 甘肃居延考古队《居延汉代遗址的发掘和新出土的简册文物》，《文物》1978 年第 1 期。徐苹芳《居延考古发掘的新收获》，《文物》1978 年第 1 期。甘肃居延考古队简册整理小组《"建武三年候粟君所责寇恩事"释文》，《文物》1978 年第 1 期。肖亢达《"粟君所责寇恩事"简册略考》，《文物》1978 年第 1 期。俞伟超《略述汉代狱辞文例——一份治狱材料初探》，《文物》1978 年第 1 期。

王堆汉墓帛书、湖北云梦秦简、湖北张家山汉简、山东银雀山汉简、新疆吐鲁番文书和居延新简进行集中整理。参加居延新简整理的，有于豪亮、谢桂华、李均明、朱国炤以及甘肃方面的任步云、何双全等，孙言诚、连劭名参加了部分工作。1984年，在唐长孺主持下，张政烺、李学勤、裘锡圭、徐苹芳等参加会审定稿。正是这些简牍名家的集中整理，使居延新简的释文考订取得了重要成绩。

1988年，薛英群、何双全、李永良编注的《居延新简释粹》出版，[①]对居延新简代表性的简文详细注解，其中包括"甘露二年御史书""永始三年诏书""塞上烽火品约""建武三年候粟君所责寇恩事""建武三年居延都尉吏奉册""相宝剑刀册""候史广德坐不循行部檄""建武五年居延令移甲渠候官迁补牒""劳边使者过界中费""建武三年燧长病书牒"等著名册书。该著选文精到，注释详明，受到学界欢迎。

1990年，甘肃省文物考古研究所、甘肃省博物馆、文化部古文献研究室、中国社会科学院历史研究所合编的《居延新简——甲渠候官与第四燧》由文物出版社出版，[②]收录了甲渠候官与甲渠塞第四燧出土的所有汉简释文。1994年，上述四家单位合编的《居延新简——甲渠候官》由中华书局出版，[③]收录了甲渠候官、甲渠塞第四燧以及卅井次东燧等遗址发掘采集的汉简8409枚。该书上册释文，下册图版，是对居延新简的全面整理。

2001年，《中国简牍集成》对《居延新简》重新整理，由初世宾、张德

[①] 甘肃省文物考古研究所编，薛英群、何双全、李永良注《居延新简释粹》，兰州大学出版社，1988年。

[②] 甘肃省文物考古研究所、甘肃省博物馆、文化部古文献研究室、中国社会科学院历史研究所编《居延新简——甲渠候官与第四燧》，文物出版社，1990年。

[③] 甘肃省文物考古研究所、甘肃省博物馆、中国文物研究所、中国社会科学院历史研究所编《居延新简——甲渠候官》，中华书局，1994年。

芳负责校理释文，标点注解，便于阅读研究。该书还附录了《居延新简书簿辑集表》，统计了居延新简簿册文书，反映出居延新简的册书构成状况。

由于时代和技术原因，1994年中华书局出版的居延新简的图版并不清晰，影响了简文的考释研究。而随着简牍研究的推进，旧有的释文需要进一步的校理。2013年，马怡、张荣强主编的《居延新简校释》出版，① 该著结合学术界研究成果，对居延新简做了新的校释，并著录了简牍的图版尺寸等信息，具有一定参考价值。2016年，张德芳主编的七卷本《居延新简集释》出版，② 是居延新简的全新整理，不仅公布了这批简牍的彩色、黑白图版和校理后的释文，而且以集释的形式将居延新简整理成果汇于书中，便于读者阅读研究。

3. 额济纳汉简的发现与整理

由于额济纳河流域丰富的历史文化遗存，1979年额济纳旗被划归内蒙古自治区后，内蒙古文物工作者在额济纳汉塞做了大量保护、调查及发掘工作，先后出土了多批简牍文物。

1999年至2002年，内蒙古自治区文物考古研究所同阿拉善盟博物馆、额济纳旗文物管理所组成联合考古队，在居延地区开展考古工作。先后发掘了甲渠塞第十六燧（T9）、第七燧（T14）、第九燧（T13）、第十四燧（T10）和卅井塞的察干川吉烽燧（T116），清理了甲渠塞部分烽燧东侧的灰堆，出土汉简500多枚。

汉简出土以后，内蒙古自治区文物考古研究所联合内蒙古师范大学历史系、中国社会科学院历史研究所、中国文物研究所专家对简牍进行考释

---

① 马怡、张荣强主编《居延新简校释》，天津古籍出版社，2013年。
② 张德芳主编《居延新简集释（壹—柒）》，甘肃文化出版社，2016年。

整理。2005年，魏坚主编的《额济纳汉简》出版，[①]收录了遗址调查与发掘报告、简牍图版与释文、简牍内容考述及索引等。该书简牍图版彩色原大和放大著录，后列简牍释文，便于释文与图版的对照研究。2005年9月，中国人民大学国学院主办"额济纳汉简研读班"，对释文校读研究，成果以《额济纳汉简释文校本》的形式出版，[②]收录了校订后的释文与一批研究论作，揭示了额济纳汉简的历史文化价值。

21世纪以来，额济纳汉塞又有简牍发现。2006年，在博罗松治（P9）出土汉简179枚，德日森桃海（T162）出土简牍55枚。2019年，T168烽燧被盗，内蒙古文物部门及时追查，获得汉简90余枚。2019年10月，居延遗址学术考察队在T124发现残简4枚。这些简牍都有待整理出版。

自贝格曼在居延遗址发现汉简以来，无论是保存于台湾的居延汉简、甘肃简牍博物馆的居延新简、内蒙古自治区文物考古研究所的额济纳汉简、额济纳旗文物部门的新出土简牍，以及其他的一些零散居延汉简，都是汉代居延屯戍生活的记录，内容上互相关联，学术上互相支撑，是西北屯戍汉简的有机组成部分。

[①] 魏坚主编，内蒙古自治区考古研究所、内蒙古师范大学历史系、中国社会科学院历史研究所、中国文物研究所联合整理《额济纳汉简》，广西师范大学出版社，2005年。

[②] 孙家洲主编《额济纳汉简释文校本》，文物出版社，2007年。

二、汉代居延的边塞防御组织

居延,是汉代张掖郡的一个县名,位于额济纳河下游。由于地理位置重要,是汉朝与匈奴冲突的前沿地域。汉朝在此建立烽燧防线,设立居延都尉府对塞防有效管理。

1. 汉代居延重要的军事地位

汉代居延军事地位的重要,与其特殊的地理位置有关。河西走廊是中原与西域交通的孔道,也是阻断匈奴与羌人联系的军事要地,因此汉与匈奴都高度重视河西的管控。河西地区水草丰茂,祁连山的雪水向北流淌,形成一片片绿洲,是发展畜牧业及农业种植的重要依靠。发源于祁连山的黑河,是河西地区最大的内流河,不仅孕育了张掖绿洲,还流向北方的额济纳,形成规模不小的居延绿洲。《尚书·禹贡》说:"导弱水至于合黎,余波入于流沙。"正是这种地貌的反映。居延地区北部是蒙古高原,东侧是阿拉善高原,西侧是马鬃山余脉,因此居延绿洲就成了汉与匈奴交锋的前沿阵地,汉与匈奴的不少战事就发生在居延及周边地区。

汉武帝元狩二年(前121),霍去病出师河西,大败匈奴休屠王与浑邪王,武帝在褒扬霍去病的诏书中说:"票骑将军涉钧耆,济居延,遂臻小月氏,攻祁连山，扬武乎鱳得，得单于单桓、酋涂王，及相国、都尉以众降下者二千五百人，可谓能舍服知成而止矣。"①可见霍去病深入居延，又向南到达祁连山及张掖地区，是沿额济纳河流域自北向南的一次重大军事行动。②

太初三年（前102），李广利二次出师征伐大宛，汉朝加强西北边防建设，"益发戍甲卒十八万酒泉、张掖北，置居延、休屠以卫酒泉。而发天下七科適，及载糒给贰师，转车人徒相连属至敦煌。"正因为居延地理位置重要，因此汉朝"置居延"，如淳注说："立二县以卫边也，或曰置二都尉。"③可见汉武帝太初年间居延已设置军政管理体系。

太初年间，汉朝还在居延修筑烽燧防线。《汉书·匈奴传》："句黎湖单于立，汉使光禄勋徐自为出五原塞数百里，远者千里，筑城障列亭至卢朐，而使游击将军韩说、长平侯卫伉屯其旁，使强弩都尉路博德筑居延泽上。"④这是太初三年（前102）之事。路博德在居延泽上修筑塞防加强了对匈奴的防御，扼制了匈奴的入侵，因此遭到匈奴反击。《汉书·匈奴传》记载："（太初三年）其秋，匈奴大入定襄、云中，杀略数千人，败数二千石而去，行坏光禄所筑亭障。又使右贤王入酒泉、张掖，略数千人。会任文击救，尽复失其所得而去。"⑤汉塞的不断修筑，居延地区已形成有效的防御能力。

天汉二年（前99），贰师将军李广利从酒泉出师征伐匈奴右贤王，匈奴包围李广利，汉军损失严重。汉朝派李陵出师接应，"使骑都尉李陵将步

---

①《汉书》卷55《霍去病传》，第2480页。
②按：或认为霍去病"济居延"指居延里程简（EPT59∶582）中的"居延置"，在今景泰县，那么霍去病就未到过额济纳河下游的居延。陈秀实《汉将霍去病出北地行军路线考——〈汉书〉"涉钧耆济居延"新解》，《西北师大学报》1998年第6期。
③《汉书》卷61《李广利传》，第2701页。
④《汉书》卷94《匈奴传》，第3776页。
⑤《汉书》卷94《匈奴传》，第3776页。

兵五千人出居延北千余里，与单于会，合战，陵所杀伤万余人，兵食尽，欲归，单于围陵，陵降匈奴，其兵得脱归汉者四百人。"① 此次李陵出战，正是从居延出师。李陵垂败时，"令军士人持二升糒，一半冰，期至遮虏鄣者相待。"② 遮虏鄣是居延地区鄣塞，居延汉简中就有"遮虏"的地名。又，"陵败处去塞百余里，边塞以闻。"③ 可见李陵兵败处距居延不远，是居延重要军事地位的体现。

在居延汉简中，也有匈奴冲击汉塞的记载。

> 本始元年九月庚子，虏可九十骑，入甲渠止北隧，略得卒一人，盗取官三石弩一，槀矢十二，牛一，衣物去。城司马宜昌将骑百八十二人从都尉追　57.29
> 本始二年闰月乙亥虏可十六骑入卅井辟非□　271.9

这两枚汉简反映出汉宣帝本始年间匈奴入塞的情况，本始元年（前73）九月，匈奴侵入甲渠塞，人数有九十余人，掠得戍卒，盗取兵器、畜养、衣物。本始二年（前72）闰五月二十一日，匈奴又深入卅井候官辟非燧，人数有十六骑，是对居延东部地域的侵扰。

2. 居延都尉的塞防体系

从汉简文献来看，汉代居延设立居延都尉府，管辖甲渠、卅井、珍北三个候官，对居延塞防体系管理。

---

① 《汉书》卷94《匈奴传》，第3777页。
② 《汉书》卷54《李陵传》，第2455页。
③ 《汉书》卷54《李陵传》，第2455页。

居延都尉在史书中有记载,《汉书·地理志》:"张掖郡,居延,居延泽在东北,古文以为流沙,都尉治。"① 居延都尉的设置在汉武帝后期就有,史书所言"使强弩都尉路博德筑居延泽上",已有都尉掌管居延汉塞的情况。居延汉简中的纪年简昭帝时已多见,此时居延都尉府的管理体系应已建立。从宣帝五凤年间的居延都尉德开始,先后有居延都尉万年、谊、承、万岁、博、丰、元、伋、旷、谌等人物,② 时间一直延续到东汉建武年间。

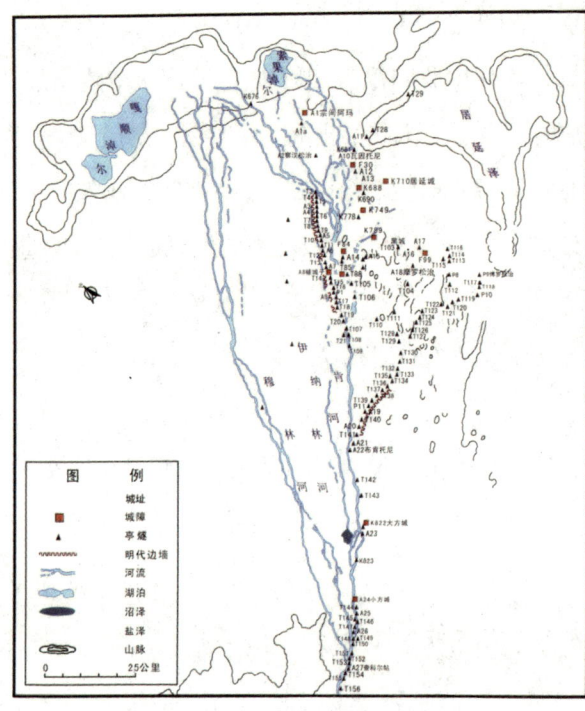

额济纳河流域汉代亭障分布图

居延都尉的治所,岳邦湖、薛英群等先生认为是 K688 城。③ 居延都尉府的属吏,从简牍文书来看,有丞、司马、千人等重要属吏,文书吏有卒史、令史、属、佐等吏员。

---

① 《汉书》卷28《地理志》,第1613页。

② 李均明《居延汉简居延都尉与甲渠候人物志》,李均明《初学录》,兰台出版社,1999年,第322~334页。

③ 甘肃省文物工作队《额济纳河流域汉代烽燧遗址调查报告》,甘肃省文物工作队、甘肃省博物馆编《汉简研究文集》,第83页。薛英群《居延汉简通论》,甘肃人民出版社,1991年,第36~37页。

居延汉简：汉代边塞的屯戍

甲渠候官，治所在破城子（A8），是居延西部防线要塞。从简牍文书和汉塞分布来看，甲渠塞西北侧自南向北有万岁、第四、第十、第十七、第廿三、鉼庭各候部，称为河北塞。甲渠东南侧自南向北有临木、诚北、吞远、不侵各候部，称为河南塞。各候部管辖六至九个烽燧，万岁部：万岁、却適、临之、第一、第二、第三燧；第四部：临桐、第四、第五、第六、第七、第八、第九燧；第十部：第十、第十一、第十二、第十三、第十四、第十五、第十六燧；第十七部：第十七、第十八、第十九、第廿、第廿一、第廿二燧；第廿三部：第廿三、第廿四、第廿五、第廿六、第廿七、第廿八、第廿九、箕山燧；鉼庭部：第卅、第卅一、第卅二、第卅三、第卅四、第卅五、第卅六、第卅七、第卅八燧；不侵部：不侵、当曲、止

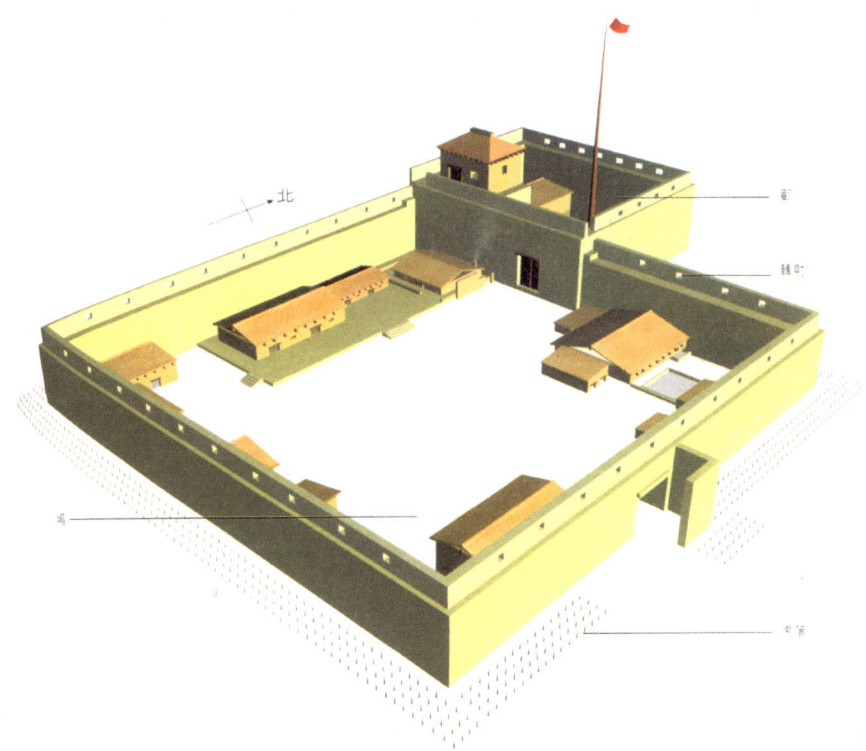

甲渠候官遗址复原图

害、驷望、止北、伐胡、察微燧；吞远部：万年、执胡、吞远、吞北、制房、惊房、次吞、平房、逆胡燧；诚北部：诚北、武疆、□房、俱南、俱起、执胡燧；临木部：临木、穷房、木中、终古、武贤、望房、毋伤燧。①甲渠塞是目前居延边塞保存状况最好、烽燧体系最明确的塞防遗址，是汉代西北边塞的代表。

卅井候官，位于居延地区东南部，治所在博罗松治（P9）。整体塞防呈西南——东北走向。该候官下属有卅井悬索关，可见地理位置重要。卅井候官下辖候部所知者有诚南、累房、井东、孤山等，烽燧有卅井、诚埶北、累房、骊喜、受降、井东、毋忧、善哉、受降、辟非、候房、诚南、降房、次海、候远等。其中诚埶北燧是邮书传递的重要烽燧，北受甲渠临木燧或木中燧，南达卅井南，从而到达广地塞，起着南北相承的作用。

殄北候官，位于额济纳河下游，是居延都尉下辖最北候官，治所宗间阿玛（A1），为汉与匈奴冲突的前沿阵地。殄北候官下属候部烽燧所知不多，可以明确者有尺竟候部，察北、第二、渠井、驷望、望远、解东、备南、木辟、临道、备寇、止奸、当北等烽燧。

---

① 宋会群、李振宏《汉代居延甲渠候官部燧考》，《史学月刊》1994年第3期。

三、汉代边塞烽火制度

烽火是古代传递军情信息的重要方式。周幽王烽火戏诸侯，可见西周时期烽火已用于军事防御。汉代西北边疆设置塞防体系，主要目的是防御匈奴的军事侵扰，烽火可以快捷地传递边塞军情信息。居延汉简记载了各类烽火器具及烽火品约，结合考古实物和传世文献记载，可知古代烽火防御的具体情况。

1. 烽火信号

烽火，从字面来看是运用烽和火来示警的方式。《墨子·号令》："昼则举烽，夜则举火。"[①]就是烽火的简明解释。通过汉简文献来看，汉代烽火信号多样，烽、表、苣、积薪、烟是常见的形式。

烽，是白天上举以示警的信号。烽的形状，《史记·司马相如传》："夫边郡之士，闻烽举燧燔，皆摄弓而驰，荷兵而走。"裴骃集解引《汉书音义》曰："烽如覆米籔，县著桔橰头，有寇则举之。"索隐引韦昭曰："燧，

[①] 岑仲勉《墨子城守各篇简注》，中华书局1958年，第130页。

束草置之长木之端，如挈皋，见敌则烧举之。"① 可见烽是用草束成的笼状物，置于长木一端。如发生敌情，可以上举以示警。汉简记载烽有"草蓬"（73EJT37:1541）、"布蓬"（73EJT31:61A），可见烽除了束草而成外，还可蒙上布以示醒目。至于韦昭注所言"见敌则烧举之"，从《墨子·号令》"昼则举烽"来看，烽应是不燃烧的信号。边塞对烽的要求是颜色鲜明，利于升举。如汉塞循行发现"烽不可上下"（127.24）、"烽皆白"（311.31）而提出批评，也可证烽非燃烧之物。

表，是白天展示的徽帜类信号。《国语·晋语五》："车无退表，鼓无退声。"韦昭注："表，旌旗也。"②《墨子·备城门篇》："城上五十步一表，长丈。"岑仲勉注："口号恐难及远，故摇表以示之。"③ 汉简中常以"通"来计量表的次数，如："二月壬子，蚤食时表一通，日食时表一通，餔时表一通，下餔时表一通，鸡后鸣表火二通，候卒孟都。"（73EJT29:110）就是边塞用表传递信号的记录。边塞对表的要求是不可"小敝"（EPT57:108）、"古恶"（264.32），可见表也要求颜色鲜明。

苣，是燃烧以示警的信号。《说文》："苣，束苇烧。"可见苣是将苇束扎燃烧以示警，夜间尤其鲜明，因此军事上使用广泛。在河西边塞发现过不少苣的实物，长度也各有不同。目前发现最长的是在敦煌马圈湾遗址出土的一个苣，长233、径9厘米，以六道绳捆扎芦苇而成。④ 其次如居延发现的苣，为长82、径8厘米的芨芨草把，中间横插二或三根短木棍，有

---

① 《史记》卷117《司马相如传》，第3046页。
② 徐元诰《国语集解》，中华书局，2002年，第382页。
③ 岑仲勉《墨子城守各篇简注》，第17页。
④ 甘肃省文物考古研究所《敦煌马圈湾汉代烽燧遗址发掘简报》，甘肃省文物考古研究所《敦煌汉简》，第60页。

燃烧痕迹。① 马圈湾发现过一些较短的苣，如长 55、径 7.5 厘米的芦苇苣，长 33.5、径 2.0 厘米的芦苇苣，以及长 8.7、径 2.3 厘米的小芦苇枝作成的苣。② 汉简文献中也有"大苣""小苣""四尺苣"等不同名称，可见苣的形制多样。简文中对苣的使用常言"举一苣火"，举苣火的时间多在夜晚，如："夜一苣火"（敦 685）、"十月丁亥莫夜未半苣火一通，从东方来。"（敦 1578）从材料和形制看，苣制作简易，运送方便，夜晚燃烧以示警，使用便捷且有效。

积薪，是以备燃烧的薪草堆积。积薪在古代是常用的警备设施。《墨子·备城门》："五十步一积薪，毋下三百石，善蒙涂，毋令外火能伤也。"③ 汉代积薪也为人所熟知，贾谊《陈政事疏》说："夫抱火厝之积薪之下而寝其上，火未及燃，因谓之安，方今之势，何以异此！"④ 汉直臣汲黯怨汉武帝轻弃旧臣："陛下用群臣如积薪耳，后来者居上。"⑤ 都是以积薪为喻。汉代边塞积薪仍有留存至今者。如敦煌汉塞 D20（T11）烽燧西北有一组积薪，"积薪结构为，以散置芦苇螺旋式呈圆形或椭圆形堆积，直径约 300 厘米左右，残高 100 厘米左右。芦苇层间平铺有红柳枝，并以削尖之红柳棍，隔一定间隔竖插入芦苇层。积薪顶上铺有砂砾。"⑥ 汉简中对积薪的形制记载有"大积薪""小积薪"的称谓（EPT51:188）。积薪的使用称为"燔"，"燔一积薪"是边塞传递烽火的常见形式。

---

① 甘肃居延考古队《居延汉代遗址的发掘和新出土的简册文物》，《文物》1978 年第 1 期，第 6 页。

② 甘肃省文物考古研究所《敦煌马圈湾汉代烽燧遗址发掘简报》，甘肃省文物考古研究所《敦煌汉简》，第 60 页。

③ 岑仲勉《墨子城守各篇简注》，第 13 页。

④《汉书》卷 48《贾谊传》，第 2230 页。

⑤《汉书》卷 50《汲黯传》，第 2320 页。

⑥ 吴礽骧《汉代烽火制度探索》，甘肃省文物工作队、甘肃省博物馆编《汉简研究文集》，第 251 页。

烟，是燃烧柴草产生烟气以示警的一种形式。尽管上述苣、积薪都可以燃烧，但它们还是以火光示警，烟则是有专门的烟灶来产生。居延新简记载："堠上烟灶突出埤堄二尺，要中央三尺，囗明上广三尺，突囗囗八寸，为囗道一囗"（EPS4.T2:56），可见烟灶置于烽台之上，有具体的形制规定。汉简中有"昼举亭上蓬一烟"（14.11）的记载，则烟是白昼施放的烽火信号，符合烟的视觉特点。

以上是边塞常见的五种烽火信号。简而言之：烽是束草或上蒙布帛的可升降笼状物；表是布帛做成的徽帜类信号；烟是由烽台上的烟灶发出的烟气信号。这三种信号适于白天示警。苣是束扎的芦苇或芨芨草把，适于夜间燃烧使用。积薪是有规律堆积的柴草堆，燃烧以示警，因其体积较大，火盛烟高，白天晚上均可使用。

2. 烽火品约

汉代烽火信号的使用，有专门的烽火品约。品约指律令规定，《后汉书·安帝纪》元初五年（118）七月丙子诏："旧令律度，各有科品。"[1]《汉书·高帝纪》："与父老约，法三章耳：杀人者死，伤人及盗抵罪。"[2] 烽火品约是对匈奴入侵汉塞时所实施烽火信号的规定，以居延甲渠候官发现的"塞上烽火品约"最有代表性。

・匈人奴昼入珍北塞，举二烽，囗燔烽一，燔一积薪。夜入，燔一积薪，举堠上离合苣火，毋绝至明。甲渠、三十井塞上和如品

・匈人奴昼甲渠河北塞，举二烽，燔一积薪。夜入，燔一积薪，

---

[1]《后汉书》卷5《安帝纪》，第228页。
[2]《汉书》卷1《高帝纪》，第23页。

举堠上二苣火，毋绝至明，殄北、三十井塞和如品

·匈奴人昼入甲渠河南道上寒，举二烽，坞上大表一，燔一积薪。夜入，燔一积薪，举堠上二苣火，毋绝至明。殄北、三十井塞上和如

·匈奴人昼入三十井降虏燧以东，举一烽，燔一积薪。夜入，燔一积薪，举堠上一苣火，毋绝至明。甲渠、殄北塞上和如品

·匈奴人昼入三十井候远燧以东，举一烽，燔一积薪，堠上烟一。夜入，燔一积薪，举堠上一苣火，毋绝至明。甲渠、殄北塞上和如品

·匈奴人渡三十井县索关门外道上燧，天田失亡，举一烽，坞上大表一，燔二积薪；不失亡，毋燔薪，它如约

·匈奴人入三十井诚势北燧县索关以内，举烽、燔薪如故。三十井县索关诚势燧以南，举烽如故，毋燔薪

·匈奴人入殄北塞，举三烽。后复入甲渠部，累举旁河烽。后复入三十井以内，部累举堠上直上烽

·匈奴人入塞，守亭鄣不得下燔薪者，旁亭为举烽、燔薪，以次和如品

·塞上亭燧见匈奴人在塞外，各举部烽如品，毋燔薪。其误，亟下烽灭火，候、尉吏以檄驰言府

·夜即闻匈奴人及马声，若日且入时，见匈奴人在塞外，各举部烽，次亭晦不和。夜入，举一苣火，毋绝尽日，夜灭火

·匈奴人入塞，候、尉吏亟以檄言匈奴人入，烽火传都尉府，毋绝如品

·匈奴人入塞，承塞中亭燧，举烽、燔薪□□□□烽火品约，官□□□举□□烽，毋燔薪

·匈奴人即入塞，千骑以上，举蓬，燔二积薪；其攻亭、鄣、坞壁、田舍，举烽，燔二积薪和□如品

·县、田官吏令、长、丞、尉见烽火起,亟令吏民□烽□□诚勢北燧部界中,民田□畜牧者□□……为令

　　·匈奴人入塞,天大风,会及降雨不具烽火者,亟传檄告,人走马驰,以急疾为故

　　·右塞上烽火品约　　EPF16:1-17

该册书共有17枚汉简组成,前16简长38.5、宽1.5厘米,简右侧上、中、下有编绳契口,可知原有编绳三道。第17简是篇题"右塞上烽火品约"。册书内容是对匈奴入侵因地点、时间、人数不同而采取的相应烽火信号,并说明了特殊条件下应采取的应对措施。册书的时代,从同探方出土简牍,以及简文"三十"等文字来看,是在新莽至东汉建武初年。从简文述及的地点及"烽火传都尉府"的记载来看,本品约应是由居延都尉府制定。

首先,品约规定了匈奴进入不同地点而应采取的不同烽火信号。品约具体规定了匈奴由北到南入侵汉塞的路线,殄北塞→甲渠河北塞→甲渠河

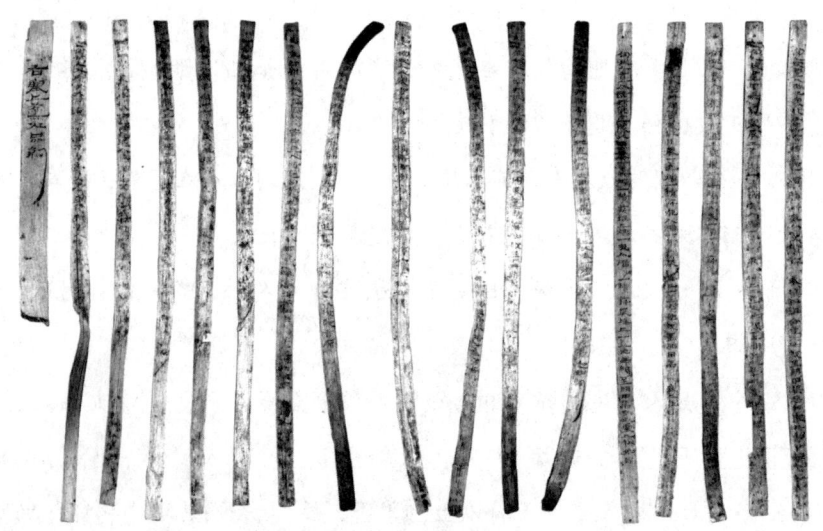

塞上烽火品约

南道上塞→三十井降虏燧以东→三十井候远燧以东→三十井县索关门外→三十井诚势北燧县索关以内，因地点不同，品约规定了所应采取的不同烽火信号。总体来看，匈奴入侵，边塞白天采取的信号是举烽和燔积薪，因情况不同有数量区别，紧急时可举坞上大表。夜晚的信号是燔积薪和举苣火，也因情况不同有数量区别，紧急时可举离合苣火。当匈奴进入汉塞以后，首先发现者发出烽火信号，相邻烽燧就要"和如品"，而将烽火依次传递，到达都尉府。

其次，品约规定了不同人数的匈奴入侵汉塞而实施的烽火信号。简文记载："匈奴人即入塞，千骑以上，举蓬，燔二积薪。"可见因人数不同而有具体的烽火信号。在敦煌所出烽火品约中，对于因入塞人数不同采取相应烽火信号的规定更加具体："望见虏一人以上入塞，燔一积薪，举二烽，夜二苣火。见十人以上在塞外，燔举如一人入塞品。望见虏五百人以上，若攻亭鄣，燔一积薪，举三烽，夜三苣火。不满二千人以上，燔举如五百人同品。"（敦 2257）可见入塞敌人数量是烽火品约要传达的重要信息。

再次，品约规定了特定情况下应采取的烽火信号及措施。边塞军情复杂，瞬息万变，往往有难以预料者，烽火品约对此也有规定。如当匈奴已入塞，守塞亭障来不及燔薪，旁边亭燧要代为举烽、燔薪，依次传递。当匈奴人已进入亭障，吏卒来不及燔积薪，白天要燃烟，夜晚要举离合苣火。当匈奴人入塞，因刮风下雨而不能举烽燃火，要紧急传檄文告知。看见匈奴人在塞外，要依品约举烽火，如果发现有误，立即下烽灭火，并派人以檄书驰告都尉府。这些特殊情况下的规定，使烽火品约能适应不同的战事变化。

塞上烽火品约对边塞烽火传递制度规定明确，要求戍卒能记诵并准确执行。汉塞对吏卒是否掌握烽火品约有检查制度。如简文说"吏卒皆知蓬火品约"（EPF22:237），就是符合检查要求。相反，"万岁候长居延沙阴里上造郭期不知读蓬火"（EPT59:162）"卒一人读蓬火品未习"（EPT52:66），是对候长与戍卒不熟悉烽火品约而提出批评。

3. 警备防守

汉塞重视烽火制度，因为烽火信号能快速将军情信息传达到军事管理部门，以做好防御准备。汉代烽火传递速度一般为一时百里，如汉简记载"府去降虏隧百五十九里，当行一时六分。"（181.1）一昼夜十六时，可行1600里（665.28千米）。而一般的文书传递速度是一时十里，一昼夜行160里（66.528千米）。居延新简记载："官去府七十里，一日一夜当行百六十里，书积二日少半日乃到，解何？"（EPS4T2:8A）又张家山汉简《二年律令·行书律》："邮人行书，一日一夜行二百里。"[①] 总体来看，烽火传递速度为文书传递速度的十倍左右，可见烽火速度之迅捷。

汉塞收到烽火信号以后，可以预先作好防备，积极应对。史书记载了汉昭帝时张掖郡因得到警备信息而对匈奴有效反击的战例。

> 其后，左谷蠡王死。明年，单于使犁汙王窥边，言酒泉、张掖兵益弱，出兵试击，冀可复得其地。时汉先得降者，闻其计，天子诏边警备。后无几，右贤王、犁汙王四千骑分三队，入日勒、屋兰、番和。张掖太守、属国都尉发兵击，大破之，得脱者数百人。属国千长义渠王骑士射杀犁汙王，赐黄金二百斤，马二百匹，因封为犁汙王。属国都尉郭忠封成安侯。自是后，匈奴不敢入张掖。[②]

[①] 张家山二四七号汉墓竹简整理小组《张家山汉墓竹简（释文修订本）》，文物出版社，2006年，第46页。

[②]《汉书》卷94《匈奴传》，第3783页。

这件战事发生在昭帝元凤三年（前78），匈奴深入张掖腹地，因"天子诏边警备"，张掖太守、属国都尉发兵出击，最终取得了重大胜利，可见军情信息在边塞战争中的重要作用。

汉边塞在得到烽火信号后，会迅即告知所属机构积极应对，做好军事防御。

十二月辛未，甲渠毋伤候长文、候史偘人敢言之：日蚤食时，临木隧卒路人望见河西有房骑廿亭北地溪中，即举蓬，燔一积薪。房即西北去，毋所失亡，敢言之。/十二月辛未，将兵护民官居延都尉债、城仓长禹兼行［丞］ 278.7A

广田以次传行至望远止□写移，疑房有大众不去，欲并入为寇。檄到，循行部界中，严教吏卒，警烽火，明天田，谨迹候候望，禁止往来行者，定蓬火辈送，便兵战斗具，毋为房所萃椠。已先闻知，失亡重事，毋忽如律令。/十二月壬申，殄北［守］ 278.7B

候长□、未央，候史包、隧长畸等：疑房有大众欲并入为寇。檄到，□等各循行部界中，严教吏卒，定蓬火辈送，便兵战斗具，毋为房所萃椠。已先闻知，失亡重事，毋忽如律令 278.7C

这枚汉简出自瓦因托尼（A10），属于居延殄北候官。瓦因托尼出土简牍的时代比较早，代表性的如通泽第二亭月食簿，时代为武帝末至昭帝时期。因此本简反映的是居延边塞早期的军事形势。简文记载甲渠临木燧戍卒发现匈奴二十余骑入塞，便举烽，燔积薪，发出烽火信号。居延都尉当日收到烽火信号后，发出檄书说明敌情，要求所属机构作好防御和战斗准备。次日，殄北候官收到檄书后，又向所属各候部烽燧发出檄书，要求积极应对，因此在瓦因托尼出现了这样的文书。

这枚汉简记载的边塞防御政策值得关注。简文要求："檄到，循行部界中，严教吏卒，警烽火，明天田，谨迹候候望，禁止往来行者，定蓬火辈送，便兵战斗具，毋为虏所萃椠。已先闻知，失亡重事，毋忽如律令。"可以看出，居延边塞御敌对策以防守为主，具体包括以下几个方面：第一，"警烽火"，严明烽火信号传递，是边塞军情汇报与御敌策略实施的重要内容。第二，"明天田谨迹候候望"，做好边塞巡查工作，侦迹有无匈奴及无关人员出入汉塞的情况。第三，"禁止往来行者"，严禁人员往来，以防被匈奴掳掠。第四，"便兵战斗具"，准备攻防器具，以便在匈奴入侵汉塞时能够有效抵御。居延都尉发文一再说明"失亡重事，勿忽如律令"，是强调边塞防御是重要事务，如有失亡，相关人员要承担责任。从警备檄书可以看出居延边塞应对匈奴入侵的具体策略。

汉代烽火制度是边塞防御的重要保障。正是通过有效的烽火信号传递，边塞才能做好军事准备，减少不必要的损失，积极御敌作战。汉代的烽火制度为后世所继承，是冷兵器时代沿用的军事防御措施。

四、居延汉简册书撷英

居延地区气候干燥，保存汉简数量众多，形制完整，特别是简册文书颇为丰富。有的简册书绳依旧，有的简册前后编排有序，对于认识古代书籍制度有重要意义。代表性的册书如"永元器物簿""相利善刀剑册""候粟君所责寇恩事册""建武三年燧长病书牒""燧长焦永死驹劾状"等，都是汉代简牍中的精品。

1. 永元器物簿

永元器物簿（128.1），1930年出土于查科尔贴（A27）遗址。为一完整册书，共有77枚简组成，两道编绳。简册总长91厘米，单简长23.1厘米。简文有永元五年（93）至永元七年（95）纪年，可知时代为东汉和帝时期。这是目前保存最为完好，特别是编绳编简数最多的简册。

从总体结构看，永元器物簿有五个简册编联而成，分别为"永元五年六月官兵釜䃂月言簿"16枚，"永元五年七月见官兵釜䃂月言簿"16枚，"永元六年七月见官兵釜䃂月言簿"16枚，"永元七年正月尽三月见官兵釜䃂四时簿"14枚，"永元七年四月尽六月见官兵釜䃂四时簿"15枚，共计77枚。五个简册既单独成立，又编联为一个整体，是当时简册保存的一种状态。

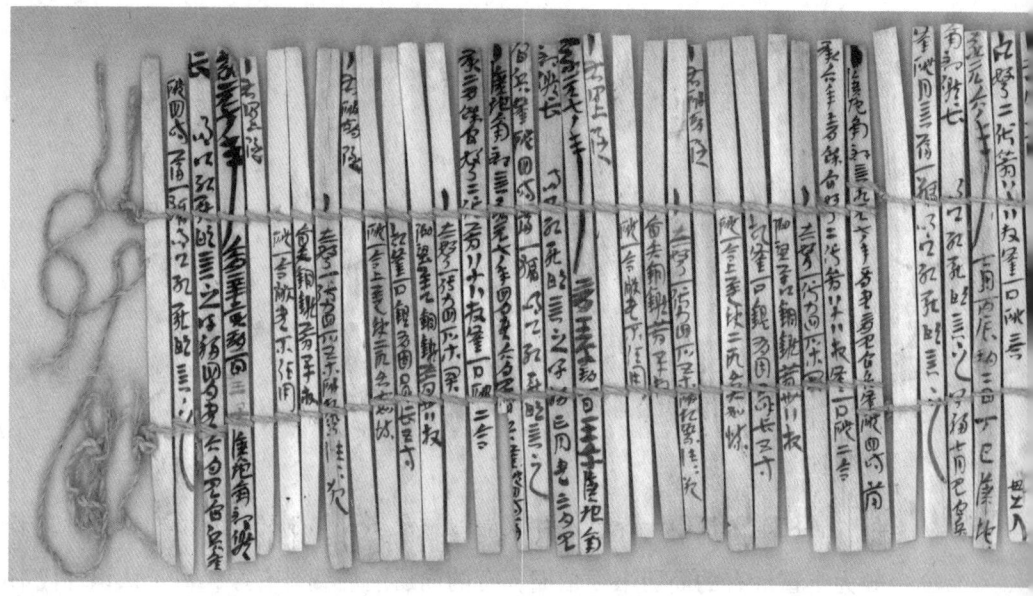

因五份册书内容接近，录第一份册书释文如下：

·广地南部言永元五年六月官兵釜磑月言簿。

承五月余官弩二张，箭八十八枚，釜一口，磑二合。

今余官弩二张，箭八十八枚，釜一口，磑二合。

赤弩一张，力四石，木关。

陷坚羊头铜鍭箭卅八枚。

故釜一口，錍有锢，口呼，长五寸。

磑一合，上盖缺二所，各大如踈。

·右破胡燧兵物

·赤弩一张，力四石，五木破起，缴往往绝。

盲矢铜鍭箭五十枚。

磑一合，敝尽不任用。

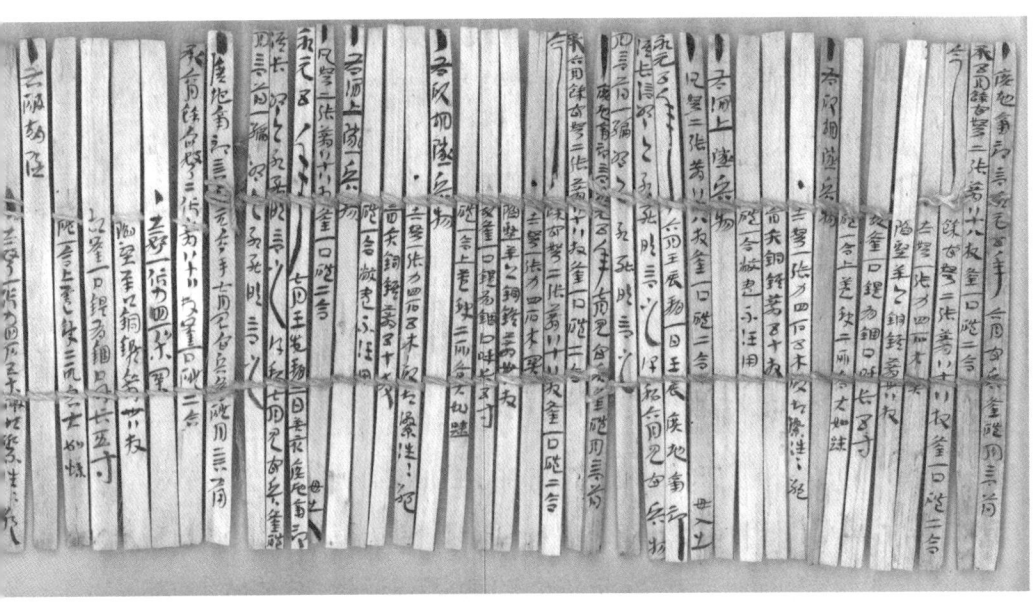

永元器物簿

・右涧上燧兵物。

・凡弩二张，箭八十八枚，釜一口，䃎二合。毋入出。

永元五年六月壬辰朔一日壬辰，广地南部

候长信叩头死罪，敢言之，谨移六月见官兵物

月言簿一编，叩头死罪，敢言之。

永元器物簿反映了汉代边塞兵物管理方式。简册内容是广地南部候部向广地候官报告兵物状况。前三份册书是"月言簿"，即每月向上级部门汇报的文书，如第一份"广地南部言永元五年六月官兵釜䃎月言簿"，先说明"承五月余官弩二张，箭八十八枚，釜一口，䃎二合"，而后说明所属破胡燧与涧上燧两个烽燧的兵物，总结"凡弩二张，箭八十八枚，釜一口，䃎二，毋出入"。最后是上行文："永元五年六月壬辰朔一日壬辰，广地南部候长信叩头死罪敢言之，谨移六月见官兵物月言簿一编，叩头死罪

敢言之。"则六月一日汇报所见兵物，说明与五月记载兵物一致，月首上报，是月言簿的重要形式。后两份是"四时簿"，是按季度上报的文书，如第四份"广地南部言永元七年正月尽三月见官兵釜磑四时簿"，先说明永元六年十二月所余兵物，再说明永元七年正月到三月的兵物保存状况。月言簿与四时簿正是边塞事务管理的基本形式。

永元器物簿还说明了居延边塞在东汉的运行情况。居延汉简的时代，大抵是西汉武帝后期至东汉建武初期。简文反映出建武八年居延边塞受到焚烧损毁，[①]此后的汉简便比较少了。居延汉简中的东汉纪年简，有章帝元和三年（86，EPT48:85）、和帝永元二年（90，EPT49:41）、永元十年（98，EPF22:560）、永元十三年（101，EPT65:47）等，最晚至安帝永初五年（111，EPT61:5）。永元器物簿纪年为永元五年至七年，具体记载了广地候官南部候部的兵物管理，可见东汉中期居延边塞仍有戍卒驻守。

永元器物簿的出现，与东汉军事风云相关。东汉光武帝时南匈奴归附，北匈奴远遁。明帝永平十六年（73），窦固与耿秉出师北伐，耿秉出居延塞，北匈奴北逃。和帝永元元年（89），车骑将军窦宪与执金吾耿秉征伐匈奴，取得重大胜利，勒功燕然，北匈奴二十余万人降汉。永元六年（94），归降的北匈奴人反对新立的南单于师子，拥立逢侯为单于，群起作乱，杀略吏人，焚烧邮亭庐帐，携带辎重出朔方渡漠北而去。汉朝发兵追击，但没有追到。[②]这就是永元器物簿出现的时代背景。而从简文记载来看，永元器物簿反映居延边塞虽有烽燧体系建立，但规模却比较小。如广地候官南部候部才下辖两个烽燧。兵物数量也很少，一个烽燧仅有一张弩，数十枚箭矢，以及釜、磑等物。相比于西汉后期的烽燧守御器具（506.1），东汉

[①] 李均明《居延汉简编年——居延编》，新文丰出版公司，2004年，第264页。
[②] 林幹《匈奴史》，内蒙古人民出版社，2007年，第100页。

时期的居延边塞，总体上呈破败景象。

永元器物簿是东汉中期简牍书法的代表，简上文字用草书写成，字体脱尽隶意，笔墨酣畅淋漓，章法疏密有间，对于研究东汉书风演变十分重要。

2. 相利善刀剑册

相利善刀剑册（EPT40:202—207），1974年出土于居延甲渠候官遗址，共6枚木简，均单行书写。原有编绳三道，编绳处右侧有契口。简牍保存完好，墨色如新。该册书用八分体书写，字体规整谨严，是西北汉简典籍文献的代表。简文如下：

·欲知剑利善、故器者：起拔之，视之身中无推处者，故器也。视欲知利善者，必视之身中有黑，两桁不绝者，

其逢如不见，视白坚未至逢三分所而绝，此天下利善剑也。又视之身中生如黍粟状，利剑也，加以善。

·欲知幣剑以不报者，及新器者：之日中，骍；视白坚随逢上者，及推处白黑坚分明者；及无文，纵有

文而在坚中者；及云气相逮；皆幣、合人剑也。刀与剑同等。·右善剑四事·右幣剑六事。

·利善剑文：县薄文者，保双蛇文，皆可。带羽、圭中文者，皆可。剑鸣者利善，强者表恶，弱则利，奈何？

·恶、新器剑文：斗鸡、征蛇文者，粗者，及皆凶不利者。·右幣剑文四事。　EPT40:202—207

该册内容是辨识刀剑善恶的方法和标准，总体上可分为两个部分。前四简是第一部分，内容为"右善剑四事""右弊剑六事"。后两简是第二部分，

相利善刀剑册

内容为"右善剑文四事""右弊剑文四事"。

第一、二简是鉴别善剑的四条标准：一、"身中无推处"；二、"身中有黑两桁不绝者"；三、"其锋如不见"；四、"白坚未至锋三分所而绝"。这些就是"天下利善剑"的特征。此外，如果"身中生如黍粟状"，那就是更好的利善剑了。第三、四简是鉴别弊剑的六条标准。一、"之日中，骍"；二、"视白坚随锋上者"；三、"及推处白黑坚分明者"；四、"无纹"；五、"纵有纹而在坚中者"；六、"云气相遂"。值得关注的是善剑与弊剑的标准具有相关性，正反相对而成利弊。因此最后有总结，说"右善剑四事""右弊剑六事"。

后二简是一组，是对剑纹的描述。善剑纹有"县薄纹""保双蛇纹""带羽圭中纹"三个标准，此外还有"鸣""表恶""弱"三个标准，因此应是"右善剑文六事"。而弊剑纹是指"斗鸡""征蛇""粗者"和"及□□"的一种，为"皆凶不利"，简文总结说是"右弊剑文四事"。

相利善刀剑册，性质上属于典籍文献。古代相刀剑术甚为流行。在《汉书·艺文志》数术刑法类中，著有《相宝剑刀》二十卷。[①]简册记载应是性质相似的文献。简册述及相刀剑的各类标准，典籍文献也有类似记载。

---

① 《汉书》卷30《艺文志》，第1775页。

如《吕氏春秋·似顺论第五·别类》就讨论了相剑的标准。

> 相剑者曰:"白所以为坚也,黄所以为牣也,黄白杂则坚且牣,良剑也。"难者曰:"白所以为不牣也,黄所以为不坚也,黄白杂则不坚且不牣也。又柔则锩,坚则折。剑折且锩,焉得为利剑?"剑之情未革,而或以为良,或以为恶,说使之也。故有以聪明听说则妄说者止,无以聪明听说则尧、桀无别矣。此忠臣之所患也,贤者之所以废也。①

这段文字记载的黄白坚牣(韧)之论,正可与相刀剑册对读。论辩者阐述了古代相剑突出的两个重要标准,白使剑坚,黄使剑韧,相刀剑册也有白黑坚之说,内容相关。

相剑是精微之术,尤以吴国相剑故事广为流传。如《吕氏春秋·疑似》说:"相剑者之所患,患剑之似吴干者。"② 吴干指吴国名剑干将,见相剑术的精微。《韩非子·说林上》:"曾从子,善相剑者也。卫君怨吴王,曾从子曰:'吴王好剑,臣相剑者也,臣请为吴王相剑,拔而示之,因为君刺之。'"③ 可见相剑术受吴地的欢迎。又《吴越春秋·阖闾内传》:"干将匿其阳,出其阴而献之,阖闾甚重。既得宝剑,适会鲁使季孙聘于吴,阖闾使掌剑大夫以莫耶献之,季孙拔,剑之锷中缺者大如黍米,叹曰:'美哉!剑也。虽上国之师,何能加之!夫剑之成也,吴霸。有缺,则亡矣。我虽好之,其可受乎?'不受而去。"④ 这则故事也反映出吴国对剑术的推重及相剑术的

---

① [战国]吕不韦著、陈奇猷校释《吕氏春秋新校释》,第1651页。
② [战国]吕不韦著、陈奇猷校释《吕氏春秋新校释》,第1507页。
③ [清]王先慎《韩非子集解》,第179页。
④ [汉]赵晔著《吴越春秋》,内蒙古人民出版社,2003年,第42页。

精微。季孙相剑发现"剑之锷中缺者大如黍米",正可与相刀剑册中的"身中生如黍粟状"相对读。

居延边塞出现相刀剑册,是古代相刀剑术典籍的流传。当然,相刀剑册出现在居延,可能还与边疆军事防御有关。刀剑是守御器具,相刀剑术在边塞的出现,是汉代尚武文化的具体体现。

3. 候粟君所责寇恩事

建武三年候粟君所责寇恩事册(EPF22:1-36),1974年出土于居延甲渠候官F22房址,木简,共36枚。其中单行简20枚,长22.8、宽1.2厘米;双行简15枚,长22.8、宽1.8厘米;签牌1枚,长9.1、宽1.2厘米,写有册书篇题"建武三年十二月候粟君所责寇恩事"。该册书的出土情况为:"出土时分两部分卷在一起,文字面朝内,1—20号为一束,裹在里面;21—35号为一编,卷在外面,原编绳已朽烂脱落。第36号简出土于附近。"[1]可与简册形制相印证。

该册书的内容,是甲渠候粟君与客民寇恩之间的经济诉讼爰书,具体包括五个部分。第一部分是建武三年(27)十二月乙卯(三日)爰书,共20简,为单行简。第二部分是十二月戊辰(十六日)爰书,共8简,为双行简。第三部分是十二月辛未(十九日)文书,共5简,双行简。第四部分是十二月己卯(二十八日)文书,共2简,说明审案结果。第五部分是最后一简签牌,为文书篇题。前三部分的内容大致相同,都是都乡啬夫审问客民寇恩的司法记录,现录第一部分释文如下:

---

[1] 甘肃居延考古队简册整理小组《"建武三年候粟君所责寇恩事"释文》,《文物》1978年第1期。

建武三年十二月癸丑朔乙卯，都乡啬夫宫以廷所移甲渠候书召恩诣乡，先以证财物故不以实，臧五百以上，辞已定满三日而不更言请者，以辞所出入罪反罪之律辨告，乃爰书验问。恩辞曰：颍川昆阳市南里，年六十六岁，姓寇氏，去年十二月中，甲渠令史华商、尉史周育当为候粟君载鱼之觻得卖，商、育不能行，商即出牛一头，黄、特、齿八岁，平贾直六十石，与交谷十五石，为七十五石，育出牛一头，黑、特、齿五岁，平贾直六十石，与交谷卅石，凡为谷百石，皆予粟君，以当载鱼就直。时粟君借恩为就，载鱼五千头到觻得，贾直牛一头谷廿七石，约为粟君卖鱼。沽出时行钱卅万。时粟君以所得商牛黄特、齿八岁，以谷廿七石，予恩顾就直。后二、三当发，粟君谓恩曰：黄牛微瘦，所得育牛黑、特，虽小，肥，贾直俱等耳，择可用者持行。恩即取黑牛去，留黄牛，非从粟君借犗牛。恩到觻得卖鱼尽，钱少，因卖黑牛，并以钱卅二万付粟君妻业，少八岁，恩以大车半侧轴一，直万钱，羊韦一枚，为橐，直三千，大笥一合，直千一石去卢一，直六百，犗索二枚，直千，皆置业车上，与业俱来。还到第三置，恩籴大麦二石付业，直六千，又到北部，为业卖肉十斤，直谷一石，石三千，凡并为钱二万四千六百，皆在粟君所。恩以负粟君钱，故不从取器物。又恩子男钦以去年十二月廿日为粟君捕鱼，尽今正月、闰月、二月，积作三月十日，不得贾直。时市庸平贾大男日二斗，为谷廿石，恩居觻得付业钱时，市谷决石四千，以钦作贾谷十三石八斗五升，直觻得钱五万五千四，凡为钱八万，用偿所负钱毕。恩当得钦作贾余谷六石一斗五升付。恩从觻得自食为业，将车到居延，积行道廿余日，不计贾直。时商、育皆平牛，直六十石，与粟君，粟君因以其贾予恩，已决，恩不当与粟君牛，不相当谷廿石，皆证，它如爰书。EPF22:1—20

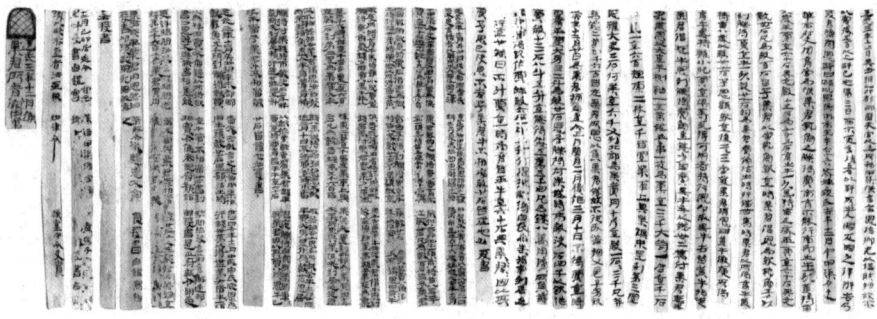

建武三年候粟君所责寇恩事

　　从释文可以看出，本册书诉讼的事务大致如下：建武二年（26）十二月，甲渠候粟君雇佣客民寇恩运鱼五千头从居延到觻得去贩卖，并以先前从令史华商处所得黄色八岁公牛一头，谷廿七石付给寇恩作为工钱，当时约定寇恩卖鱼价格为四十万钱。临行前两三天，粟君对寇恩说，先前自己所说给寇恩作为工钱的黄牛有点瘦，自己另有一头从尉史周育处所得黑色五岁公牛，虽然小一点，但膘肥体壮，两头牛价格相同，让寇恩自选。寇恩于是选了黑牛而留下了黄牛。寇恩随同粟君的妻子业拉鱼到觻得卖完以后，没有达到所约定的四十万钱，就把黑牛卖了，并把三十二万钱交付给粟君妻业，比约定的数目少了八万。因为寇恩的儿子帮粟君捕鱼百天，值谷二十石，合钱八万，正可相抵。寇恩回到居延，想要取回寄放在粟君车上的车轴等器物，粟君以寇恩尚欠他八万钱为由，不肯给寇恩。后粟君向县廷告状，要求寇恩归还所借牛一头，谷二十石（市值八万）。为此县廷要求都乡啬夫宫进行核查。寇恩则认为自己被粟君所扣押的车轴等器物值一万五千六百钱，路上为粟君妻业买肉、籴谷所用钱值谷三石，为九千钱，还有其子钦为粟君捕鱼劳作，早已超过自己所欠粟君八万钱，这还不算自己为粟君妻业从觻得拉车到居延二十多日的工钱。而牛的问题实际上是当初以自己所得作为工钱的牛和粟君的牛作了交换，价值相等，并不是借了粟君的牛，不存在赔偿的问题，因此，他不应给粟君牛。针对这样的经济纠纷，都乡啬夫两次审问客民寇恩，最后居延令做出裁决，"须以政不直者法"，可见是对候粟君做出了惩罚决定。

该册书结构清晰，内容完整，是东汉早期边塞社会生活的生动记载，在司法、吏治、经济等方面都有重要认识价值。

从司法上看，本简册忠实记录了居延边塞的诉讼管理。本简册的诉讼双方是边塞候官的行政长官候与边地客民，二者身份不同。从诉讼的程序来看，甲渠候粟君向居延县廷讼告客民寇恩，居延县移书都乡啬夫要求验问，都乡啬夫于十二月三日验问寇恩，而后上报居延县廷。县廷将验问情况移告甲渠候粟君，候粟君再上奏居延都尉府，要求再次验问。十二月十六日，都乡啬夫再次验问寇恩，形成爰书。因诉讼程序有"辞以定满三日而不更言请"之律，三日之后，十二月十九日，都乡啬夫将爰书上报居延县。十二月二十七日，居延县移文甲渠候官，结论是"须以政不直者法"，诉讼程序结束。因此简册完整的展现了居延边塞诉讼管理过程。特别是考虑到甲渠候、居延都尉府属军事体系，而都乡啬夫、居延县属民政体系，可见居延地区的法律诉讼也由民政系统管理，诉讼过程充分体现出执法的严格与公正。

从吏治来看，本册书反映了东汉初期居延边塞的吏治腐败。粟君作为甲渠候，是比六百石的县级吏员，可是他在本简册中却展示出鱼肉百姓、唯利是图的形象。一方面他欺压属吏，自己要卖鱼牟利，却让甲渠令史华商、尉史周育替他到觻得去卖。华商、周育不能行，便各自出牛出谷作为运费补偿。另一方面他欺压客民，让客民寇恩替他卖鱼，讹诈不给报酬。同时他还压榨劳动力，让寇恩之子为他捕鱼百天而不给报酬，是地方恶吏的典型写照。这种现象的产生有着特殊的时代背景。简册记录的东汉建武初期，中原动荡不安，汉光武帝于建武元年在鄗县称帝，但是天下扰乱。关中为更始政权所据，后赤眉西进，更立刘盆子。光武进据洛阳，遣邓禹西进，出师不利。建武二年，光武帝更派冯异西征,屡破赤眉。建武三年,刘盆子归降光武。但隗嚣据陇,公孙述据蜀,中原叛乱不已。河西时为窦融所占据,史称:"而融等政亦宽和,上下相亲,晏然富殖。修兵马,习战射,明烽燧之警,羌胡犯塞,融辄自将与诸郡相救,皆如符要,每辄破之。"①但是通过简册可以看到,窦融治理河西期间,基层吏治实有腐败恶劣者,是当时社会动荡的反映。

从经济方面来看,简册反映了当时物价过高的现象。简文中的物价以谷价为标准,如说牛"平贾直六十石""肉十斤直谷一石",谷物兼有了货币的职能。《后汉书·光武帝纪》:"初,王莽乱后,货币杂用布、帛、金、粟。"②简册反映的就是这种史实。简册记载物价颇高,作为物价标准的谷价,简册记载了两个价格,一是"直谷一石,石三千",二是"市谷决石四千",谷价都过高。西汉的谷价,一般是每石百钱左右,如居延汉简记载"梁粟二石,直二百。"(EPT51:105)"粟一石,直百一十。"(167·2)价格都不高。谷价是社会稳定的风向标。一般而言,社会稳定则谷价低,社会动荡则谷价高。如汉宣帝时天下治理,元康年间,"比年丰,谷石五钱。"③汉元帝时灾害颇起,"元帝即位,天下大水,关东郡十一尤甚。二年,齐地饥,谷石三百余,民多饿死,琅邪郡人相食。"④永光二年(前42),"是时,岁比不登,京师谷石二百余,边郡四百,关东五百。四方饥馑,朝廷方以为忧。"⑤王莽时天下扰乱,《后汉书·光武帝纪》载:"初,王莽末,天下旱蝗,黄金一斤,易粟一斛。"⑥黄金一斤定价万钱,可见谷价石至万钱。那么,寇恩册

---

① 《后汉书》卷23《窦融传》,第795页。
② 《后汉书》卷1《光武帝纪》,第67页。
③ 《汉书》卷8《宣帝纪》,第259页。
④ 《汉书》卷24《食货志》,第1142页。
⑤ 《汉书》卷79《冯奉世传》,第3296页。
⑥ 《后汉书》卷1《光武帝纪》,第32页。

反映的谷价每石至 3000 或 4000 钱,正是东汉初期社会动荡不安的反映。

4. 建武三年燧长病书牒

燧长病书牒(F22:80—82),1974 年出土于居延甲渠候官 F22 房址。3 枚木牍组成,柽柳材质,长 22.5、宽 1.5、厚 0.2 厘米。3 枚木牍共 81 字,构成一份完整的册书。

前两简为文书第一部分:"建武三年三月丁亥朔己丑,城北隧长党敢言之,乃二月壬午病,加两脾雍种,匈胁支满,不耐食饮,未能视事,敢言之。"这是甲渠城北部城北燧长党的请假条。请假人党陈述请假时间、生病状况,特别说明"未能视事",即不能到岗任职,而向上级部门提出请假申请。需要说明的是此请假是事后申请,生病的日期为二月二十五日,请假的日期为三月三日,是生病八天之后请假,从而准确说明了"未能视事"的时间。

第三简正文是文书的第二部分:"三月丁亥朔辛卯,城北守候长匡敢言之,谨写移隧长党病书如牒,敢言之。"这是候长的报告书。3 月 5 日,即燧长党呈上请假条两天之后,城北守候长即向上级部门报告燧长病书。可见候部不是病假的批示部门,只是承转部门。从字迹来看,上两封文书为同一人所写,很可能燧长党的病书原件放在了候部,而候部再抄录一封上报,所以说"谨写移隧长党病书如牒"。

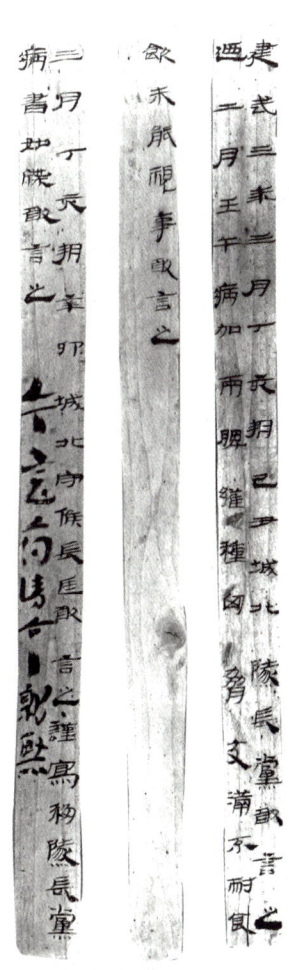

燧长病书牒

第三简左下较大的字体是文书第三部分："今言府，请令就医。"是甲渠候官的批示。说明已将燧长党请假状况上报都尉府，同时批准了燧长党的请假申请，并让燧长党到官医处治病。批示文字为草书，批示在候部的移书上。该文书保存在了甲渠候官，与文书批示单位一致，正反映出行政文书的运行状态。

因此，这份请假条虽然只有三简，却清晰地展示了请假的具体程序，可见汉代边塞吏员的日常管理状况。

病书的出现，与汉代边塞人事管理有关。边塞对吏卒通过功劳制度管理，吏卒生病不能到岗工作，就不能计算劳绩，因此有严格的请假制度。请假人要将生病原因和"不能视事"日期上报，如本册书请假原因是"两脾雍种，匈胁支满，不耐食饮，未能视事"，不能视事日期是"二月壬午"，从这天开始，劳绩就不能计算。在其他汉简中，还有病好以后销假的记录，称为视事书。如居延汉简："五凤二年八月辛巳朔乙酉，甲渠万岁隧长成敢言之，乃七月戊寅夜随（堕），坞陛伤腰，有瘳，即日视事，敢言之。"（6.8）居延新简："五凤三年四月丁未朔甲戌，候史通敢言之官，病有瘳，即日视事，敢言之。"（EPT53:26）"即日视事"，劳绩又可以计算。正是通过病书与视事书，汉塞进行吏卒劳绩的正常管理。

病书的出现，还与汉代边塞吏卒医疗制度有关。边塞吏卒生病，有专门的官医医治。如居延汉简记载："临木候长报官医张卿，卿前许为问事，至今未蒙教。"（157.28）可见居延地区有官医。简文记载"今言府请令就医"，因为是候官的签署，应该是到官医处就诊。

5. 燧长焦永死驹劾状

燧长焦永死驹劾状（EPT22:186—201），1974年出土于甲渠候官F22房址。木简，共16枚，长21.2~23、宽0.9~1.1厘米。除一枚略有残蚀外，其余各简均清晰如初。现有文字409字，文义连贯，内容完整。全篇章草，一气呵成，潇洒飘逸，既是一篇诉讼文献，又是一幅珍贵的书法作品。

甲渠言，永以县官事行警檄，牢驹

隧内中，驹死，永不当负驹。

建武三年十二月癸丑朔丁巳，甲渠鄣候获叩头死罪敢言之。

掾谭、尉史坚。

府记曰，守塞尉放记言，今年正月中，从女子冯吴借马一匹，从今年驹。四月

九日诣部，到居延收降亭，马罢。止害隧长焦永行檄还，放骑永所用驿

马去。永持放马之止害隧。其日夜人定时，永骑放马行警檄，牢驹

隧内中，明十日，驹死。候长孟宪、隧长秦恭皆知状。记到，验问明处言

会月廿五日。前言解。谨验问。放、宪、恭辞皆曰：今年四月九日，宪令隧长焦永行

府卿蔡君起居檄，至庶虏，还到居延收降亭，天雨，永止，须史去。尉放使

士吏冯匡呼永曰，马罢，持永所骑驿马来。永即还，与放马，持

放马及驹随放后归止害隧。即日昏时，到吞北，所骑马留隧，更取驿马一匹

骑归吞远隧，其夜人定时，新沙置吏冯章行殄北警檄来。永求

索放所放马，夜冒不能得。还骑放马行檄，取驹牢隧内中，去，到吞北隧

□□□罢□□□□中步到……俱之止害隧,取驹,去,到

吞北隧下,驹死。案:永以县官事行警檄,恐负时,骑放马行檄,驹素罢劳,病死

放又不以死驹付永,永不当负驹,放以县官马擅自假借,坐藏为盗,请行法

获教勒要领放毋状,当并坐,叩头死罪死罪,敢言之 EPF22:186—201

燧长焦永死驹劾状的内容,记述了东汉初年居延边塞发生在戍吏之间的一桩纠纷。甲渠守塞尉张放骑着从女子冯吴处借来的马到候部去,该马跟随着一匹小马驹。张放到了居延收降燧,因为马疲,恰好止害燧长焦永骑马行塞还,张放便骑着焦永的马而去。焦永持张放的马和驹到止害燧。

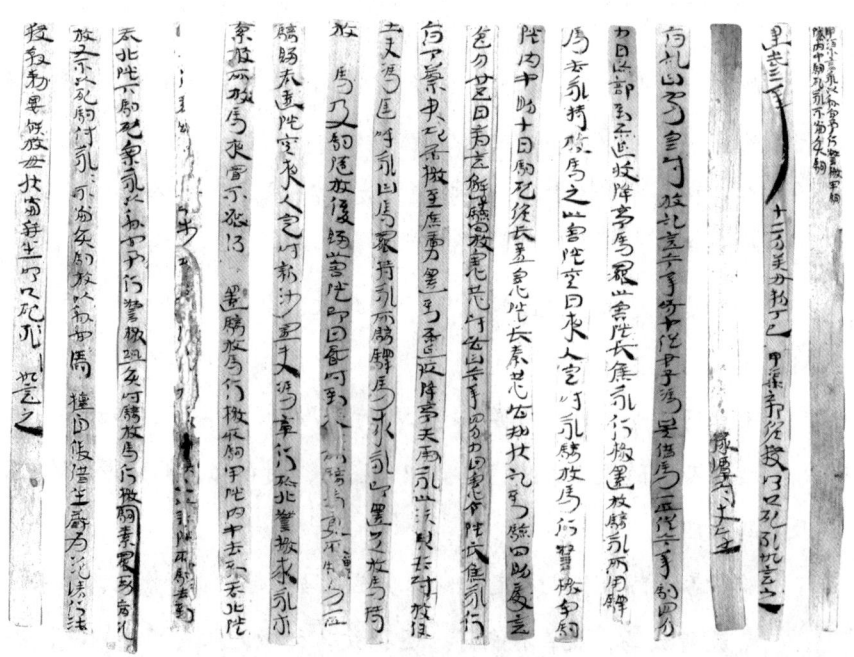

燧长焦永死驹劾状

当天晚上，焦永骑张放的马行檄，将马驹置于燧内。第二天，马驹死亡。如是，马驹的死亡由何人负责，就形成了纠纷。

从诉讼程序来看，本状原告应是甲渠守塞尉张放，因为燧长焦永骑着他的马行檄，将马驹放在燧内死亡了，因此要求焦永赔偿。讼状有候长孟宪、燧长秦恭为证。居延都尉为此移书甲渠候官，要求具体验问。甲渠候官召张放、孟宪、秦恭等验问，认为焦永以县官事行檄，害怕负时，而骑张放的马行檄。马驹平时已疲劳，实为病死。况且死驹在张放处，没付给焦永，因此焦永不承担死驹责任。张放擅自借人马匹，应判为盗臧罪。甲渠候获教导毋状，要承担连带责任。因此本诉状也反映出居延边塞的诉讼管理。

燧长焦永死驹劾状，更重要的成就是在书法方面。该册书共16枚汉简，用草书写成，笔意流畅，布局合理，气蕴盎然。从字体来看，该册书将文字结体高度省减，如"尉"省作"🗌""隧"省作"🗌"，已是典型的草书字体。册书中还将隶书的合文用草书表现，如"正月"写作"🗌"，暗合今草相连笔法，富有意趣。从用笔来看，该册主要用草书笔法，回环往复，不拘细节，个别字迹仍残留有隶书笔意，横画波折，蚕尾作结，使册书显得意蕴生动。从布局来看，该册书字体大小不一，疏密有间，开篇"建武三年"数字，用笔洒脱，"年"字的竖笔向下延伸，占数个字空间，笔力劲健，为全篇奠定了草体风格。中间行文，文字大小与字距疏密有机结合，草书的波磔之笔着力展现，使作品具有飘逸之美。本册书16枚木简为一人写就，草书字体与木质纹理相互映辉，既是文物精品又是艺术珍品。本册书时代是东汉早期，从而以实物形式证明了章草在此时已完全成熟，因此该册书就成了简牍书法艺术的杰出代表。

肩水金关汉简
——汉代关隘的管理

肩水金关遗址由西北科学考查团成员贝格曼于1930年发现，后于1973年又出土了上万枚简牍而闻名于世。肩水金关出土汉简，反映了额济纳河中游肩水都尉府所辖塞防关隘设置情况。简牍中丰富的符传致籍，反映了汉代关隘管理的具体方式。纪年明确的诏令文书，则是汉代政权运转的忠实记录。

一、肩水金关遗址的发掘与简牍整理

汉代西北地区的关隘，广为人知的是敦煌的玉门关与阳关。1930 年贝格曼在居延地区发现的汉简，却揭示了另外两个不为人知的关隘——肩水金关（A32）与卅井悬索关。1973 年，甘肃文物工作者对肩水金关遗址全面发掘，出土了上万枚简牍，揭示了肩水金关遗址的结构。肩水金关是目前出土简牍最多的汉代关隘，丰富的简牍文书，显示出汉代关隘管理及社会运行的各个方面。1986 年发掘的地湾遗址，位置与肩水金关相邻，简牍内容也相互关联，都是肩水塞屯戍生活的记录。

1.1930 年发现的肩水金关汉简

1930 年，贝格曼沿着额济纳河流域自北向南考察汉代城障烽燧遗址。10 月份，他发掘了地湾遗址（A33）后，又来到了肩水金关遗址，他后来记录说：北面不远处，就在石灰岩城墙的大门附近是个废弃烽燧，河流也在这个位置，这个废墟出土了很多木简。遗址的门也许曾被用作检查护照、强征税款的税卡。①

---

① [瑞典]贝格曼著、张鸣译《考古探险手记》，第 150 页。

贝格曼对肩水金关的性质有正确的认知，指出了肩水金关地理位置上的重要。因为肩水金关就设置在额济纳河的东侧，与地湾相距仅五百多米，有东西向的塞墙控扼交通，建有关门作关隘检查，体现出汉代关隘设置的地理特点。

贝格曼对肩水金关遗址作了选择性发掘，主要清理了烽台东南侧的房屋遗址及灰堆，各地点共出土汉简850枚，及一批竹、木、陶、铁、丝等汉代文物。贝格曼绘制了遗址地图，正确标注了烽台、房屋、塞墙等设施，反映出对遗址结构的正确认知。贝格曼认识到这个遗址的重要性，他说："这个地区的遗址并没被我发掘完，那里仍有成百上千件木简。但秋天即将过去，我将去河流下游，那里还有废墟有待挖掘，而且这附近的草场非常贫瘠。"① 现在品味贝格曼的记录，仍然觉得意味深厚。贝格曼仅以自己的探掘就判定该遗址还有成百上千件木简，认识是何等敏锐。同时又因为他急于考察完额济纳河流域其他遗址，当然客观上全面清理肩水金关遗址要付出大量劳动，也远非贝格曼的考察队所能胜任，贝格曼将一个他认为没有挖完的重要遗址留给了后人，使得1973年肩水金关遗址的再次发掘成为可能。

贝格曼1930年发现的肩水金关汉简，是居延汉简的组成部分，原简现保存在台湾中研院史语所。简牍整理成果早期代表是劳榦的《居延汉简考释》，后中国社科院考古研究所编《居延汉简甲乙编》对图版释文全面收录，近年来台湾学者整理的《居延汉简（壹—肆）》收录了更清晰的图版与释文，极便使用。

---

① ［瑞典］贝格曼著、张鸣译《考古探险手记》，第150页。

2.1973 年肩水金关遗址的发掘与简牍整理

由于居延汉简丰富的历史文化价值，甘肃文物工作者于 1972 年组织了居延汉塞烽燧遗址的考察。1973 年 7 月 13 日，由甘肃省博物馆、酒泉地区和人民解放军驻地部队等单位组成的居延考古队开始对肩水金关遗址考古发掘，至 9 月 25 日结束。发掘工作是在高温炙烤与狂沙肆虐的环境进行，条件十分艰苦。经两个月的发掘，共开探方 37 个，出土汉简 11577 枚，实物 1311 件，① 成果非常丰硕。

这次考古发掘，对肩水金关的结构有了更清晰的认知。肩水金关由关门、坞院、烽台三部分组成。关门是肩水金关的关隘通行要地，为两座对峙如阙的长方形夯土楼橹，内各有房屋一间，都有简牍出土。其中东侧房屋 F3 出土汉简 636 枚，内容多是符传文书。楼橹中间有宽 5 米的门道，据地面遗物，原门道顶部应有过桥或门楼等建筑。关门两侧有关墙，西向到达额济纳河畔，东向则与经过地湾北侧的塞墙相接，可见肩水金关地理

肩水金关遗址的发掘

---

① 甘肃居延考古队《居延汉代遗址的发掘和新出土的简册文物》，《文物》1978 年第 1 期。

位置的重要。坞院在关门内西南侧，东南角敞开，或为坞门，坞北侧有房屋，东南侧有马厩。烽台在坞院的西南角，内芯为早期夯土基，外壁贴土坯。烽台下有方堡，内有住室、灶屋、仓库、院落等，堡内出土了"永始三年诏书"等简册文物。

肩水金关遗址出土文物丰富，代表性者如"张掖都尉棨信"，红色帛书，墨色篆书文字，是汉代棨信的代表。其他文物如木板画、麻纸、尺子、转射、弓、箭、苣等文物，都有重要历史价值。

在肩水金关遗址发掘间隙，发掘队还调查了金关遗址向北的第一座烽燧（T168），出土汉简391枚。依据出土简牍，可知该烽燧是肩水都尉府所属橐他候官的莫当燧，也是橐他候官南部候长治所。

肩水金关出土的简牍，早期是作为居延新简的组成部分在整理。1975年，甘肃省博物馆简牍整理研究室做了初步整理。1978年，国家文物局组织专家对居延新简集中整理，提高了释文质量。原计划甲渠候官与第四燧汉简、肩水金关汉简以姊妹篇的形式出版，但1994年，前者图版释文以《居延新简：甲渠候官》的名称出版后，肩水金关汉简却被延搁了下来。

肩水金关汉简的继续整理，经过了较长的时段。1998年，甘肃省文物考古研究所组织专家对肩水金关汉简释文再次校理，提高了释文质量。2011年，甘肃简牍保护研究中心（2012年改制为甘肃简牍博物馆）、甘肃省文物考古研究所、甘肃省博物馆、中国文化遗产研究院古文献研究室、中国社会科学院简帛研究中心对肩水金关汉简陆续整理出版。到2016年，五卷本《肩水金关汉简》由中西书局出版完毕，肩水金关汉简的全部内容公诸于世。新整理的肩水金关汉简，采用了新的出版与摄影技术，提供了清晰的彩色图版与红外线图版，释文随图版而出，成为简牍整理的新范式。

3. 地湾汉简的发现与整理

地湾遗址（A33），在肩水金关东南五百余米处，是额济纳河中游保存完好的汉代城障遗址。1930年，贝格曼在此地发掘汉简2383枚，是居延汉简的重要组成部分。1986年9月23日至10月24日，甘肃省文物考古研究所对地湾遗址考古发掘，解剖了障内布局和坞院结构，开探方59个，发掘面积1800多平方米，出土汉简771枚。

1986年发掘的地湾汉简出土后，甘肃省文物考古研究所做了初步释文。2017年，甘肃简牍博物馆、甘肃省文物考古研究所、出土文献与中国古代文明研究中心中国人民大学分中心对这批简牍整理出版，①刊布了地湾汉简的彩色图版、红外图版与释文，书后还附了简牍形制表和吴礽骧、任步云的发掘日记，对于认识考古发掘经过及文物出土情况颇有价值。

贝格曼发掘地湾遗址

---

① 甘肃简牍博物馆、甘肃省文物考古研究所、出土文献与中国古代文明研究中心中国人民大学分中心编《地湾汉简》，中西书局，2017年。

二、汉代肩水的边塞防御组织

汉代额济纳河中游,地势平旷,河道两旁土地肥沃,适宜于畜牧及耕作。汉代在此设置肩水都尉府,建立塞防体系,开展屯田生产,维护着边疆的安定。

1. 肩水的军事地位

肩水都尉,未见史书记载。《盐铁论》载有扇水都尉,或说为肩水之误。[1] 从出土汉简来看,肩水都尉在河西塞防中发挥着独特作用。肩水都尉管辖的汉塞防线,沿额济纳河呈南北走向分布。北部与居延都尉塞防相接,南部与河西走廊从张掖到酒泉的塞防相接。从T142到T206,直线距离达172千米,肩水塞防是河西进入居延的保护通道。

从军事上看,肩水塞防虽然北面有居延作为屏障,但同样承担着抵御匈奴入侵的责任。由于匈奴入塞往往以骑兵深入突袭,肩水塞防东西两侧空旷无阻,因此军事防御任务重要。如史书记载汉昭帝元凤三年(前78)匈奴入塞的情况,"右贤王、犁汙王四千骑分三队,入日勒、屋兰、番和、

---

[1] 陈直《居延汉简研究》,中华书局,2009年,第180页。

张掖太守、属国都尉发兵击，大破之，得脱者数百人。"① 匈奴能进入张掖内地，肩水塞是必经之地。肩水金关汉简记载："本始六年二月乙卯府……匈奴虏入酒泉会☐"（73EJT1:156），可见汉宣帝本始六年即地节二年（前68）匈奴入侵酒泉会水县，进入肩水都尉府南部防线，肩水塞必然受到严重的军事冲击。又如下面的汉简所记：

> 建武四年九月戊子，从史闳敢言之，行道以月十日到橐他候官，遇橐他守尉冯承言，今月二日，胡虏入酒泉☐☐☐ 2000ES9SF3:4A
>
> 入肩水塞，略得焦凤牛十余头，羌女子一人，将西渡河，虏四骑止都仓西，放马六十余骑，止金关西，月九日日蚤食时……☐ 2000ES9SF3:4B
>
> 前辈到金关西门下，掾谊等皆在金关，不得相闻，闳等在候官，即日铺时，尘烟火到石南亭，昏时火逯……☐ 2000ES9SF3:4C
>
> 恐为胡虏所围守，闳即夜与居延以合，从王常俱还到广地胡池亭止，虏从靡随河水草北行，虏☐……☐ 2000ES9SF3:4D ②

这是一枚觚，记载了东汉建武四年（28）匈奴入侵肩水橐他塞、肩水塞以及酒泉地区的情况。匈奴掠得十多头牛，以及羌女子一人。匈奴所过之地，烟尘四起，是肩水边塞遭受匈奴入侵的生动记载。

2. 肩水都尉的塞防体系

依据出土汉简可知，肩水都尉府治所在大湾城（A35）。1930 年贝格曼

---

① 《汉书》卷 94《匈奴传》，第 3784 页。
② 孙家洲主编《额济纳汉简释文校本》，第 77~78 页。

贝格曼考察时的大湾城

在此地发现汉简1334枚,纪年简集中在昭帝始元元年(前86)至平帝元始二年(2年),最晚为新莽始建国三年(11),可见肩水都尉府持续时间较长。从汉简记载来看,肩水都尉府兴盛时期设有广地、橐他、肩水三个候官。早期存在过的仓石候官、庾候官,可能由于宣帝时期边塞调整而不再设立。

广地候官,北接居延都尉府所属卅井候官,南接橐他候官,治所小方城(A24)。由于出土资料较少,广地候官下辖候部不甚清晰。出土过永元器物簿的查科尔帖(A27),可以确认为南部候长治所,下辖守林、破胡、涧上燧。属所不明的烽燧有受延、万年、累下、灭房、次累、伏之、胜之、后起、博望、石北、美草、闐都、累山、毋患、同亭、北界、望远、木辟等。[1]

橐他候官,北接广地候官,南接肩水候官。下辖南部、中部、北部等候部。各候部所辖烽燧可知者:南部候部下辖莫当、通望、临道、石南、珍虏燧,中部下辖千秋燧,北部下辖高显燧。所属不详者有通道、破適、勇士、博望、延寿、吞胡、野马、次稽、卻適、斩首、沙上、稽北、稽落、駮马、先登、收降、駮兵、累山、故駮、圣宜、曲河、石郅、上利、駮南等燧。[2] 其中莫当燧(T168)出土过"橐他莫当燧始建国二年五月守御器簿",在邮书传递方面位置重要。

---

[1] 郭伟涛《肩水金关汉简研究》,上海古籍出版社,2019年,第89页。
[2] 郭伟涛《肩水金关汉简研究》,第77~78页。

肩水候官，是肩水都尉府所辖南部汉塞，治所地湾（A33）。1930年贝格曼在此地发现汉简2383枚，1986年又出土汉简771枚，是肩水塞集中出土汉简的重要遗址。肩水候官下辖有东部、西部、北部、中部、左前、左后、右前等候部。各候部所辖烽燧可知者：东部辖驿北、执適、乐昌、骊喜、金关、登山、止虏燧；西部辖当井、直燧、水门、圹野、要虏燧；北部辖广谷、并山燧，中部辖强汉燧；左前辖万世、执胡燧；左后辖桓军、获胡、辟非、临渠、第六、完军、如意、万福燧；右前辖临泽、襄泽、临利、禽寇、穷寇、乘胡、禁奸燧。属所不明者，有平乐、夷胡、东望、骊望、临田、始安、受降、乘山、望城、辟之、要害、强断、广新、安世、临莫、河上、斥竟、逆寇、曲中、安乐、安竟、广汉、累南、禁胡、安农、金城、当谷、当利、望泉、安众、猛胡、灭胡、收降、意燧、沙头、驿马、界亭、治渠、仓南、伏胡、强新等烽燧。① 其中驿北、沙头、驿马等在邮书传递方面较为重要。

3.肩水地区的屯田管理

肩水都尉府治所大湾城（A35）东部，土地平旷，有古代田埂、渠堤痕迹，应是古代屯田地域。汉简反映出肩水都尉府曾下设驿马田官，从简文记载来看，驿马田官重视水利建设，设有令、丞等职官管理。

  马长吏即有吏卒民屯士亡者，具署郡、县、里、名、姓、年长、物色、所衣服赍操，初亡年月日，人数白

  报与病已。谨案：居延始元二年戍田卒千五百人为驿马田官穿泾渠，乃正月己酉淮阳郡　513.17+303.15

---

① 郭伟涛《肩水金关汉简研究》，第56页。

这枚汉简出自大湾（A35）。简文时代较早，为昭帝始元二年（前85），是肩水塞防初建时期。简文记载居延戍卒为驿马田官穿渠，人数有1500人，可见规模颇大。在肩水金关汉简中有不少"治渠卒"的名籍简，人员或来自河东郡，或来自南阳郡。治渠卒专门兴修水利，是肩水屯田区兴修农业基础设施的记录。

元凤元年十一月己巳朔乙未，驿马农令宜□、丞
安世敢言之，谨速移卒名籍一编，敢言之　19.34
第四长安亲（第一栏）
正月乙卯初作，尽八月戊戌积二百廿四日
用积卒二万七千一百卌三人，率日百廿一人奇卅九人
垦田卌一顷卌四亩百廿四步，率人田卅四亩奇卅亩百廿四步三
得谷二千九百一十三石一斗一升，率人得廿四石奇九石（第二栏）
72EDAC:7

这两枚汉简均出于大湾（A35）。前简记载了驿马田官设有令、丞等职官管理，时代为汉昭帝元凤元年（前80），时代比较早。后简记载驿马第四农长管理屯田收入的情况，从正月到八月积劳作224天，平均每天劳作人数约121人，平均每人垦田约34亩，每人得谷约24石，每亩得谷七斗略多。这些简牍，是驿马田官屯田的历史记载。

三、肩水金关符传文书与汉代关隘管理

肩水金关是设在西北地区的重要关隘,是河西进入居延绿洲的首道门户,也是居延屯戍人员来到河西及返回中原的检查要地。从肩水金关汉简的纪年简来看,早在昭帝时期,肩水金关就已设置,从昭帝到东汉初期未曾间断。从肩水金关出土的符传文书来看,汉代关隘管理严格,有着具体详细的登记检查程序。

1. 符

符是古代信物凭证,《说文》:"符,信也。汉制以竹,长六寸,分而相合。"古人出入津关时,常用符作为凭证。《墨子·号令篇》说:"诸城门若亭谨候视往来行者符。符传疑若无符,皆诣县廷言,请问其所使,其有符传者善舍官府。"[①] 肩水金关汉简中就有符的实物,从名称上看有出入符与家属符等,是汉代用符制度的实证。

元凤二年二月癸卯,居延与金关为出入六寸符,券齿百

---

① 岑仲勉《墨子城守各篇简注》,中华书局,1985年,第116页。

从第一至千，左居官，右移金关，符合以从事，第九百五十九　73EJT26:16

元凤二年二月癸卯，居延与金关为出入六寸符，券齿百，从第一至千，左居官，右移金关，符合以从事，齿八百九十三　73EJF1:31

这两枚汉简形制相似，第一枚长14.5厘米，约汉尺6.2寸，宽2.5厘米。第二枚长16.2厘米，约汉尺7寸，宽1.9厘米。简文记载"出入六寸符"，简牍长度大致接近。简文内容是居延移送给肩水金关的出入符。简文说"券齿百"，这两个符

汉代的出入关符

券的右侧都有刻齿"⁄"，正是汉代刻齿"百"的标示。简文说："从第一至千，左居官，右移金关，符合以从事。"这是对符的序号说明，前简序号"第九百五十九"，后简序号"齿八百九十三"，是从第一至千的序号，可见符的编号方式。"左居官右移金关"，是说符的一半在居延县，另一半移送金关。所谓"符合以从事"，是说合符才能执行事务。因此这两枚汉简，简文与形制相对应，是汉代出入六寸符的代表文物。

	妻大女𧘌得当富里成虞年廿六	
	子小女侯年一岁	车二两
橐他通望隧长成襃	弟妇孟君年十五	用牛二头
建平三年五月家属符	弟妇君始年廿四	马一匹
	小女护悍年二岁	
	弟妇君给年廿五	73EJT3:89

这是肩水金关出土的一枚家属符，长 15.1 厘米，为汉尺 6.5 寸，宽 3.1 厘米，右侧有刻齿。简文纪年哀帝建平三年（前 4），具体记载了燧长成褒 6 位家属的身份、姓名、年龄等信息，以及车辆、牛、马的情况。这类家属符在肩水金关多有出土，对于认识汉代家庭结构构成颇有价值。

2. 传

传也是过关文书，《周礼·地官·司关》："凡所达货贿者，则以节传出之。"郑玄注："传，如今移过所文书。"① 《汉书·宁成传》："诈刻传出关归家。"颜师古注："传，所以出关之符也。"② 汉代出关用传，史书多有记载。汉文帝前十二年（前 168）三月，"除关无用传"。汉文帝时天下大治，出入关不用传，有利于人员流动。不过汉景帝即位后发生七国之乱，"四年（前 153）春，复置津关，用传出入。"又设置津关，使用传管理人员流动。不过特殊情况可优待不用传，如《汉书·宣帝纪》本始四年（前 70）正月诏曰："丞相以下至都官令丞上书入谷，输长安仓，助贷贫民。民以车船载谷入关者，得毋用传。"颜师古注："欲谷之多，故不问其出入也。"③ 车船载谷进入关中，可以不用传，是鼓励运粮入关的措施。从简牍文书的记载来看，汉代的传使用普遍，是汉代管理人口流动的重要措施。

肩水金关出土的家属符

---

① ［汉］郑玄注，［唐］贾公彦疏《周礼注疏》，北京大学出版社，1999 年，第 384 页。
② 《汉书》卷 90《酷吏传》，第 3650 页。
③ 《汉书》卷 8《宣帝纪》，第 245 页。

甘露四年正月庚辰朔乙酉，南乡啬夫胡敢告尉史，临利里大夫陈同自言，为家私市张掖居延界中。谨案同毋

官狱征事，当得传，可期言廷，敢言之。正月乙酉，尉史赣敢言之，谨案同年爵如书，毋官狱征

事，当传，移过所县侯国，勿苛留，敢言之。正月乙酉，西鄂守丞乐成、侯国尉如昌移过所，如律令／掾干将、令史章

73EJT10:120A

西鄂守丞印　　73EJT10:120B

这枚简的形式是尺牍，长23.5、宽2.4厘米。写有文字三行，书法精美。简文内容是汉宣帝甘露四年（前50）南阳郡西鄂县南乡临利里大夫陈同因私事要到居延县去而开出的传书，反映出汉代传书申请的过程。首先，传书由申请者陈同向乡啬夫提出申请，说明出行张掖居延的目的是"为家私市"。其次，乡啬夫核实检查陈同没有司法狱讼事务，符合取传的申请，将情况汇报给县廷尉史。再次，县廷尉史确认信息，陈同的年龄、爵位如实，没有犯罪记录，可以取得传书。最后，陈同的传书由西鄂县的丞与尉发出，要求依律令同意陈同出入各县侯国，不要稽留。简背写有"西鄂守丞印"，是原传书封有印章的记录。这件传书清晰地反映出汉代的传由申请

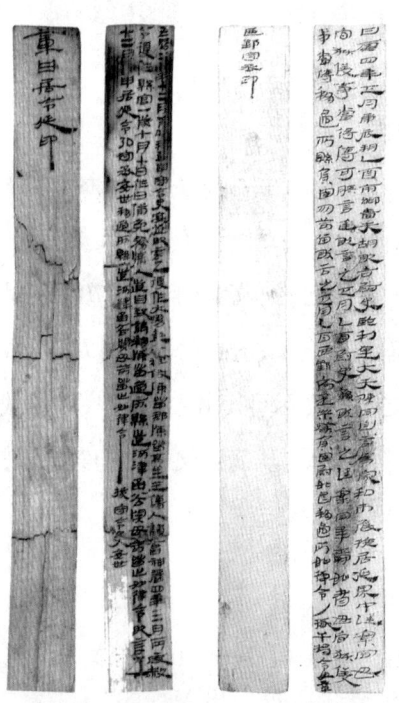

肩水金关出土的传书

者到乡再到县廷的申请程序，是汉代基层人口管理的反映。

　　五凤三年十二月癸卯朔庚申，守令史安世敢言之，复作大男彭千秋，故陈留郡陈留高里，坐伤人论，会神爵四年三月丙辰赦
　　令，复作县官一岁十月十日，作日备，免为庶人。道自致，谒移陈留过所县道河津函谷关，毋苛留止，如律令，敢言之。
　　十二月庚申，居延令弘、守丞安世移过所县道河津函谷关，毋苛留止，如律令。掾守令史安世　73EJT34:6A
　　章曰居令延印　73EJT34:6B

　　这是居延县开出的一份传书，形式上也是尺牍，长24.2、宽2.5厘米。写有文字三行，汉隶写就，书法精美。简文内容是汉宣帝五凤三年（前55）居延县为复作彭千秋刑满归家而开出的传书。彭千秋是陈留郡陈留县高里人，因伤人论罪而到居延服刑。依据神爵四年（前58）赦令，彭千秋劳作官府一年十月十日，劳作日期已满，可免为庶人回家。居延守令史将彭千秋刑满释归的情况上报给居延县，居延县廷开出传书，要求彭千秋经过的县、道、河、津，特别是函谷关，不要稽留，依据律令让彭千秋回家。书牍背面记载了"居令延印"的印文，其实就是"居延令印"的抄写，可见原传书有县令印章。

　　以上两份传书，一份是中原地区到居延从事商贸的文书，一份是居延刑徒刑满返回中原地区的文书，均在肩水金关出土，反映出肩水金关在关隘检查方面的作用。肩水金关出土的传书很多，这些传书形制相似，都用汉代尺长木牍写成，多行文字书写，格式相同，用语相近，牍背记录印文，说明传书的签发者。由于这些传书详细记载了申请的时间、地点以及出行事由，是研究汉代社会生活史的珍贵资料。

3. 致

致也是出入关文书的一种。《说文》:"致,送诣也。"可见致为送达之意。《汉书·文帝纪》:"赐物及当禀鬻米者,长吏阅视,丞若尉致。"颜师古注:"致者,送致也。"① 出入关的致,正是将出入关人员的信息送到关隘,以备出入关检查。

> 建平四年正月丁未朔庚申,西乡守啬夫武以私印行事,敢言之,昭武男子孙宪诣乡自言,愿以律取致籍,归故县。谨案
> 宪毋官狱徵事,当得以律取致籍,名县如牒,唯廷谒移卅井县索、肩水金关,出入如律令,敢言之。三月辛酉北,啬夫丰出
>
> 73EJT37:530

这枚汉简记载了昭武县男子孙宪申请"愿以律取致籍"的情况,可见致也需要依次申请。不过致与传书有别的地方在于传书是申请人自身携带,用于出行身份证明,而致则是要有文书发出机构将出入信息针对性的送达特定机构。如本简的致是就是有昭武县廷将申请人孙宪出行信息送到卅井悬泉关与肩水金关。肩水金关依据致书内容对经过关隘的孙宪核实检查,并记录出关时间。

与致相关的文书叫致籍,致籍是对出行人员身份信息的具体登记。

> 就人扶安国围李里黄晏年卅五,用牛三丿,为人小短,黄白色,毋须　73EJF3:57A
>
> 　四月甲寅复致入　73EJF3:57B

---

① 《汉书》卷4《文帝纪》,第114页。

这枚汉简背面记载了"复致入",可见是对出入关人员的致籍核查。正面记载了过关人员的体貌特征,以及所携畜类信息,应该就是致籍。关隘要对致和致籍及时归纳存档,以备出入关检查或事后核查。

元延三年四月吏

民出入关致　73EJT3:47A

地节三年

闰月吏民

出入关致籍　73EJT1:4

这是两枚文书楬,记载了对致和致籍分年度月份汇总保存的情况,可见关隘对出入关文书管理的细致规范。

从上面的文书可以看出,尽管肩水金关偏在西北,但是有着严格的符传管理。各类符、传、致文书,对于出入关隘人员身份信息有详细记载,是汉代社会管理的具体方式。

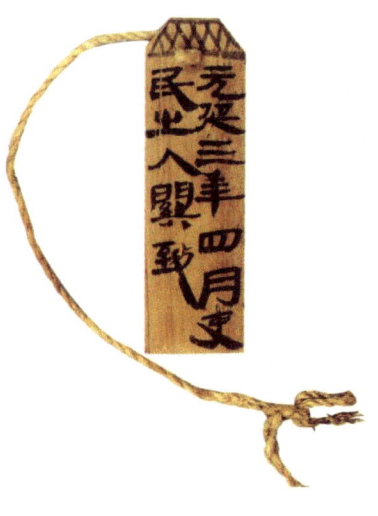

肩水金关出土的吏民出入关致

四、肩水金关诏令文书与汉代行政运转

肩水金关虽在僻远的西北，但是朝廷文书仍能顺畅送达。记载于汉简中的诏令文书，或可与史籍记载相印证，或可补史书记载之缺漏。而汉简反映的汉代诏令文本的抄写与传递状态，更是了解汉代行政管理的宝贵资料。

1. 甘露二年丞相御史书

甘露二年丞相御史书（73EJT1:1—3），1973年出土于肩水金关遗址，共有3枚木牍组成。第一枚长23.6、宽3.2厘米，第二枚长22.9、宽2厘米，第三枚长22.8、宽1.7厘米，均是汉代尺牍。木牍上的文字皆小而密，草隶写就，简文如下：

甘露二年五月己丑朔甲辰朔，丞相少史充、御史守少史仁以请诏有逐验大逆无道故广陵王胥御者惠同产弟故长公主盖卿大婢外人，移郡大守：逐得试知。外人者，故长公主大奴千秋等曰：外人，一名丽戎，字中夫，前大子守观奴婴齐妻，前死。丽戎从母捐之字子文、私男弟偃，居主马市里弟。捐之姊子故安道侯奴，材取不审县里男子字

游为丽戎帤，以牛车就载籍田仓为事。始元二年中，主女孙为河间王后，与捐之偕之国。后丽戎、游从居主机棻弟，养男孙丁子沱。元凤元年中，主死绝户，奴婢没入诸官。丽戎、游俱亡。丽戎脱籍，疑变更名字，匿走绝迹，更为人妻，介罪民间，若死，毋从知。丽戎亡时年可廿三、四岁，至今年可六十所，为人中壮，黄色，小头，黑发，隋面，拘颐，常戚额如颦状，身小长，诈庞少言。书到，二千石遣毋害都吏　73EJT1:1

严教属县官令以下，啬夫、吏、正、父老杂验问乡里吏民，赏取婢及免婢以为妻年五十以上，刑状类丽戎者，问父母昆弟，本谁生子，务得请实、发生从迹，毋督聚烦扰民。大逆同产当坐，重事，推迹未穷，毋令居部界中不觉。得者书言白报，以邮亭行，诣长安传舍。重事当奏闻，必谨密之，毋留如律令。

六月，张掖大守毋適、丞勋敢告部都尉卒人，谓县：写移书到，趣报如御史书律令，敢告卒人。／掾佷、守卒史禹、置佐财　73EJT1:2

七月壬辰，张掖肩水司马阳以秩次兼行都尉事，谓候、城尉，写移书到，廋索部界中，毋有，以书言，会廿日，如律令。／掾遂、守属况

七月乙未，肩水候福谓候长广宗等，写移书到，廋索界中，毋有，以书言，会月十五日，须报府，毋失期，如律令／令史□　73EJT1:3[①]

[①] 甘肃简牍保护研究中心等编《肩水金关汉简（壹）》，中西书局，2011年，第2页。释文及标点参考李迎春《金关汉简〈甘露二年丞相御史书〉政治史信息再探——兼谈汉代贵族家奴（婢）的政治参与》，《简牍学研究》（第八辑），甘肃人民出版社，2019年，第99~115页。

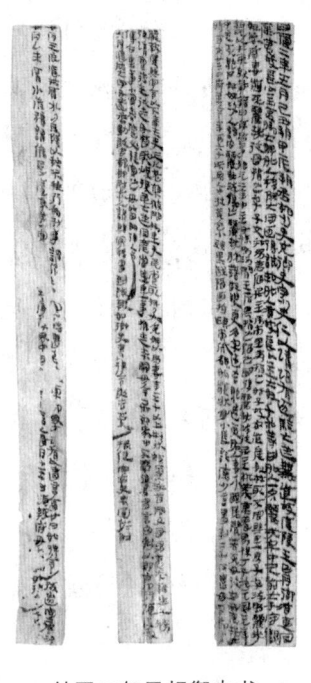

甘露二年丞相御史书

该册书的性质是汉宣帝甘露二年（前52）丞相御史府下发的逐捕一个名叫"外人"奴婢的文书。文书内容可分为四部分：第一牍和第二牍前三行是丞相御史书正文，第二牍第四行是张掖太守府的下行文，第三牍第一行是肩水都尉府下行文，第三牍第二行是肩水候官下行文。

逐捕书是由丞相、御史府发出，文书下发者为丞相少史充、御史守少史仁，文书以请诏形式下发。文书的内容是"逐验大逆无道故广陵王胥御者惠同产弟故长公主盖卿大婢外人"，文书要求郡太守移文搜查，"毋令居部界中不觉"。外人被逐捕的主要原因是她为"故广陵王胥御者惠同产弟"，广陵王刘胥于五凤四年（前54）自杀国除，其御者为"大逆者"，那么外人就是"大逆同产当坐"，因而要被治罪。外人的另一个身份是"故长公主盖卿大婢"，盖长公主于昭帝元凤元年（前80）谋反自杀，外人逃亡，也应被捕。因此从外人身份来看，涉及西汉昭宣时期不少朝廷政事，是认知西汉中期政治变迁的重要文献。

首先，简册涉及广陵王刘胥，事关武、昭、宣时期的政治变动。刘胥是汉武帝李姬所生，武帝元狩六年（前117）所封三王之一。武帝共生六子，卫太子征和二年（前91）因巫蛊之乱自杀，齐怀王闳于元封元年（前110）薨，昌邑王髆于后元二年（前87）薨，昭帝年尚幼，燕王刘旦、广陵王刘胥皆有觊觎皇位之心。但刘旦因"上书求宿卫"为武帝所恶，刘胥也因"动作无法度"不为武帝所喜，最终武帝立昭帝为后，而对刘旦、刘胥厚加赏赐。元凤元年（前80），燕王刘旦与鄂邑长公主、上官桀、桑弘羊等谋反伏诛。

刘胥见昭帝年少无子，又有觊觎皇位之心，使巫祝诅。元平元年（前74）昭帝崩，刘胥认为继位有望，杀牛塞祷，但霍光却迎立了昌邑王刘贺。昌邑王即位二十七天被废，霍光迎立宣帝，刘胥又使巫祝诅。到了五凤四年（前54），祝诅事发觉，刘胥自杀国除。史书记载："天子加恩，赦王诸子皆为庶人，赐谥曰厉王。"①本册书的时代是甘露二年（前52），刘胥死后两年，汉宣帝仍在追查此事相关者"故广陵王胥御者惠同产弟"，定性为"大逆同产当坐重事"。史书记载了汉宣帝对昌邑王刘贺的防忌，②本简又记载了宣帝对广陵王刘胥余党的追查，可见宣帝后期政治上的高压态势。

其次，简册涉及鄂邑盖长公主，是昭帝时期重要人物。昭帝即位，因年仅八岁，以其姊鄂邑盖长公主供养禁中。盖长公主行淫乱，私客丁外人。因盖长公主助上官安入女为后，又入马为上官桀幸臣充国赎罪，因此上官桀、安父子感激盖长公主，向霍光奏请给丁外人封侯，霍光不允。简册记载了史书未详的一个细节，说"后丽戎、游从居主机棐弟，养男孙丁子沱"，一般认为"男孙丁子沱"就是盖长公主与丁外人所生之孙。昭帝元凤元年（前80），上官桀、安与盖长公主、燕王旦、桑弘羊谋反伏诛。外人作为长公主大婢，依律令应没入诣官，但外人与丈夫子游俱私自逃亡。这已是29年前的旧事。汉宣帝为卫太子之孙，由霍光迎立为帝。尽管霍光死后霍氏谋反伏法，但宣帝不忘霍光旧恩。甘露三年（前51）于麒麟阁图画功臣十一人，而以霍光为首，记姓氏而不题名。甘露二年（前52）追查"故长公主盖卿大婢"外人，时间相近，正可见宣帝对前朝旧事的清算。

再次，简册还涉及另一个人物河间王。景帝子刘德于前二年（前155）被封为河间王。简文记载："始元二年中，主女孙为河间王后，与捐之偕

---

① 《汉书》卷63《武五子传》，第2762页。
② 《汉书》卷63《武五子传》，第2767页。

之国。"始元二年（前85）时河间王为孝王刘庆。到了宣帝五凤四年（前54）河间王元嗣位，史载："元取故广陵厉王、厉王太子及中山怀王故姬廉等以为姬。甘露中，冀州刺史敞奏元，事下廷尉，逮召廉等。元迫胁凡七人，令自杀。有司奏请诛元，有诏削二县，万一千户。"① 不仅河间王刘庆娶盖长公主女孙为后，而且河间王刘元又娶广陵厉王故姬以为姬，河间王与盖长公主及广陵王皆有牵连。甘露年间事发，朝廷追查，河间王刘元竟然迫胁相关七人自杀，可见事涉机密。简册文书为甘露二年发，逐捕文书特意点到河间王事，而且强调"重事当奏闻，必谨密之"，很可能与朝廷整治河间国有关。

因此，简册虽然是对汉代一个女婢的追捕，却牵涉武、昭、宣时期的政治变迁，对于认识汉宣帝后期的政治形势颇有意义。

此外，此册书还反映了汉代诏令的传递过程。简文记录朝廷下发文书时间是"甘露二年五月己丑朔甲辰"，为五月十六日。到六月，诏书已传到张掖郡。"七月壬辰"，即七月五日，诏书传到张掖肩水都尉。"七月乙未"，即七月八日，诏书到达肩水候官。从朝廷到肩水地区，共用时82天，可见汉代政令的畅通传达。

2. 永始三年诏书

永始三年诏书（73EJF1:1—16），1973年出土于肩水金关遗址，共16枚，均为木牍，下部多烧残，原长应为汉代一尺，宽2厘米左右。简文如下：

丞相方进、御史臣光昧死言
明诏哀闵元元，臣方进、御史臣光，往秋郡被霜，冬无大雪，不

---

① 《汉书》卷53《景十三王传》，第2411页。

利宿麦，恐民☐☐　73EJF1:1

　　调有余，给不足，不民所疾苦也，可以便安百姓者，问计长吏守丞条对

　　臣光奉职无状，顿首顿首，死罪死罪。臣方进、臣光前对问上计弘农大守丞☐☐　73EJF1:2

　　郡国九谷最少，可豫稍为调给，立、辅既言民所疾苦，可以便安弘农大守丞立、山阳行大守事湖陵☐辅、上谷行大守事☐　73EJF1:4

　　☐作宜可益倍其☐☐☐

　　……长假贫民物☐☐　73EJF1:16

　　☐令堪对曰，富民多畜田出贷☐

　　……☐　73EJF1:3

　　治民之道，宜务兴本，广农业☐☐☐☐

　　来出贷，或取以贾贩愚者，苟得逐利☐☐　73EJF1:6

　　来去城郭流亡，离本逐末，浮食者浸☐……

　　与县官并税，以成家致富，开并兼之路，阳朔年间☐　73EJF1:5

　　言预可许，臣请除贷钱它物律，诏书到，县道官得假贷钱☐☐

　　县官还息与贷者，它不可许，它别奏。臣方进、臣光愚戆，顿首顿首，死罪死罪☐　73EJF1:7

　　制可☐　73EJF1:8

　　永始三年七月戊申朔戊辰御

　　下当用者☐　73EJF1:9

　　七月庚午，丞相方进下小府、卫将军、[中]二千石、二千石、部刺史、郡大守、诸侯……

　　下当用者，书到言☐　73EJF1:12

八月戊戌,丞相方进重,今长安男子李参、索辅等自言,占租贷
又闻三辅豪黠吏民复出贷,受重质不止,疑郡国亦然,书到
☐ 73EJF1:10

赏得自责母息,毋令民辦斗相残贼,务禁绝息贷
令☐ 73EJF1:11

十月己亥,张掖大守谭、守部司马宗行长史……
书从事,下当用者,明扁乡亭显处,令吏民皆知之,如诏书☐
73EJF1:13

十一月己酉,张掖肩水都尉谭、丞平下官,下当用者如
☐ 73EJF1:14

十一月辛亥,肩水候宪下行尉事,谓关啬夫吏,承书从事,明扁
亭隧关
处,如诏书,士吏猛☐ 73EJF1:15[①]

这封册书由于下部烧残,因此简文难以前后衔接。从简文格式与内容来看,册书总体可以分为五个部分,分别为永始三年七月诏书(前11简)、永始三年八月诏书(73EJF1:10—11)、张掖太守府下行文(73EJF1:13)、肩水都尉府下行文(73EJF1:14)、肩水候官下行文(73EJF1:15)。

简文主体是成帝永始三年(前14)七月诏书,以丞相翟方进、御史大夫孔光奏言的形式发出。诏书集中反映了当时谷少民饥、高利借贷、流民四起等各种社会问题。该诏书为史书未载,是认识西汉后期政治制度与社

[①] 甘肃简牍博物馆等《肩水金关汉简(肆)》,中西书局2014年,第276-278页。简牍排序参姚磊《肩水金关汉简〈永始三年诏书〉校读》,《中国文字研究》第二十四辑,上海书店出版社,2016年,第89~99页。

永始三年诏书

会生活的重要文献。

首先,简册反映了成帝后期谷少民饥的问题。简文记载:"往秋郡被霜,冬无大雪,不利宿麦。"这是因为天灾而造成谷物歉收。冬无大雪,因而降水缺少。《汉书·五行志》记载:"成帝永始三年、四年夏,大旱。"[①]正与简文记载一致。针对谷少民饥,执政者认为应当加强谷物调配。如简文说:"调有余,给不足,不民所疾苦也。可以便安百姓者,问计长吏守丞条对。"所采取的措施是从有余的地方调取粮食,配给粮食缺乏的地方。简文还说:"郡国九谷最少,可豫稍为调给。"已经调查确认有九个郡国谷物缺少,可以调给。因天旱而造成谷少民饥,朝廷不得不采取调配谷物的措施,是成帝后期社会统治的反映。

其次,简册反映了当时社会上高利借贷的现象。简文记载"富民多畜田出贷""来出贷,或取以贾贩愚者,苟得逐利""长安男子李参、索辅等

---

① 《汉书》卷27《五行志》,第1393页。

自言占租贷",这种出贷以牟取高利的现象不利于社会安定。简文还说:"又闻三辅豪黠吏民复出贷受重质不止,疑郡国亦然。"可见出贷者身份为强暴狡猾之徒,他们在出贷时还要抵押物品。朝廷调查到三辅地区有这种现象,由此怀疑各郡国也是这样。对于借贷的危害,朝廷有清醒的认识,说:"与县官并税,以成家致富,开并兼之路。"可见富家势力增长,并不利于朝廷对社会的管理。朝廷针对借贷问题,实行关怀民间的措施。简文说:"言既可许,请除贷钱它物律,诏书到,县道官得贷钱□□……县官还息与贷者,它不可许。"一方面朝廷从法律方面禁止借贷,另一方面朝廷替借贷者偿还利息。朝廷态度明确,"务禁绝息贷",可见对高利借贷现象严格制止的态度。

再次,简册真实反映了成帝后期流民四起的状况。简文记载:"来去城郭流亡,离本逐末,浮食者众。"可见当时不少人脱离农业生产,离开本籍到处流亡,寄食于其他,产生了严重的社会问题。西汉后期流民问题极为严重,如《汉书·成帝纪》阳朔二年(前23)诏:"秋,关东大水,流民欲入函谷、天井、壶口、五阮关者,勿苛留。"[1] 又《汉书·哀帝纪》记载建平四年(前3)春:"大旱。关东民传行西王母筹,经历郡国,西入关至京师。民又会聚祠西王母,或夜持火上屋,击鼓号呼相惊恐。"[2] 简册揭示出了流民问题产生的各种原因,天旱民饥,富豪兼并,农民脱离农业,斗殴残害。因此诏令要求关怀民间疾苦,一方面禁绝借贷,另一方面"调有余给不足",以防止民众流离。这类关怀民众的诏书,在《汉书》中屡有记载。汉成帝鸿嘉二年(前19)三月诏书:"朕承鸿业十有余年,数遭水、

---

[1]《汉书》卷10《成帝纪》,第313页。
[2]《汉书》卷11《哀帝纪》,第342页。

旱、疾疫之灾,黎民屡困于饥寒,而望礼义之兴,岂不难哉!"① 鸿嘉四年（前17）正月诏书:"数敕有司,务行宽大,而禁苛暴,迄今不改。一人有辜,举宗拘系,农民失业,怨恨者众,伤害和气,水旱为灾,关东流冗者众,青、幽、冀部尤剧,朕甚痛焉。未闻在位有恻然者,孰当助朕忧之! 已遣使者循行郡国。被灾害什四以上,民赀不满三万,勿出租赋。逋贷未入,皆勿收。流民欲入关,辄籍内。所之郡国,谨遇以理,务有以全活之。思称朕意。"②本诏书正可与史书记载成帝时社会动荡状况相对读。

此外,该简册记载了朝廷政事决定的过程,也有认识价值。朝廷针对民间疾苦采取了问询调查,诏书要求"可以便安百姓者,问计长吏守丞条对",可见主要是对上计官吏问询。如简文记载问询的"弘农太守丞立、山阳行太守事湖陵□辅、上谷行太守事"某人,以及"令勘"等人。这些人"既言民所疾苦",朝廷需要采取应对措施。又"长安男子李参、索辅等自言占租贷",反映长安地区的借贷现象,也是民间声音的表达。丞相、御史大夫经问询后,形成应对措施,向皇帝上报,而后以"制可"的形式下发。因此该册书正是汉代朝廷政事决定的典型记录。

汉成帝后期,由于王氏专权,赵后内宠,统治黑暗,社会问题丛生,各地动乱事件频起。如鸿嘉三年（前18）蜀郡广汉郑躬起义,人数近万人。永始三年（前14）十一月尉氏男子樊并等起义,十二月山阳铁官徒苏令等起义。尽管这些起义相继被镇压,可社会动荡,民不聊生。简文反映的干旱、借贷、流民等问题,正是当时社会现实的生动反映。

---

① 《汉书》卷10《成帝纪》,第317页。
② 《汉书》卷10《成帝纪》,第318~319页。

3. 王莽即位诏书

> 皇天上帝，隆显大右，成命统序，符契图文，金匮策书
> 神明诏告，属予以天下兆民。　　73EJT23:767①

这枚汉简出自肩水金关，木牍，长 23、宽 1.6 厘米，左侧残缺。简文内容重要，可与史书记载对读，《汉书·王莽传》载：

> 戊辰，莽至高庙拜受金匮神嬗。御王冠，谒太后，还坐未央宫前殿，下书曰："予以不德，托于皇初祖考黄帝之后，皇始祖考虞帝之苗裔，而太皇太后之末属。皇天上帝隆显大佑，成命统序，符契图文，金匮策书，神明诏告，属予以天下兆民。赤帝汉氏高皇帝之灵，承天命，传国金策之书，予甚祗畏，敢不钦受！以戊辰直定，御王冠，即真天子位，定有天下之号曰'新'。"②

从史书记载来看，肩水金关出土的这枚汉简，正是居摄三年（8）十一月戊辰王莽登基诏书的内容，具有重要史料价值。

这枚汉简说明了王莽即位诏书传达到了肩水金关，可见汉代行政管理的有序。汉末居摄年间，王莽为上位登基造势，各地屡献符瑞，得到王莽嘉赏。梓潼人哀章于是到汉高祖庙献上金匮册书，说王莽当为真天子。王莽因而到高祖庙拜受金匮册书，正式登基即位而为真皇帝。王莽下登基诏书，说明宗序传承、接受金匮册书的经过及登基时间和新的国号。史书记

---

① 刘乐贤《肩水金关汉简中的王莽登基诏书》，《文物》2015 年第 3 期。
② 《汉书》卷 99《王莽传》，第 4095 页。

载了王莽诏书，远在西北地区的肩水金关，就发现了与王莽诏书完全相同的内容，说明王莽诏书准确无误地传达到肩水金关，可见西汉末期政治运行仍然有效。

这枚汉简的抄写，虽然文字书写随意，但是格式严谨，体现了汉代诏书的特点。简文第一行以"皇天上帝"开头，依据史书记载，前文内容应是"而太皇太后之末属"，此处很可能是提行另写。第一行底端，"金匮策书"之下还有空间，但简文"神明诏告"却提行顶格而写，表明尊敬之意。同样，第二行下部也没有写满，依据史书记载，下文应写"赤帝汉氏高皇帝之灵"，应该也是提行顶格书写，以表明对"赤帝"的尊敬之意。因此，我们看到边塞地区抄写诏书的规范，是汉代文书抄录制度的体现。

肩水金关出土的诏令文书众多，上述宣帝、成帝、新莽时期的三封诏书就很有代表性，无论是罪犯逐捕、恩泽传达还是即位宣告，都清晰地反映出汉帝国政权的运转状况。简文丰富的历史文化内涵，又可加深对汉代诏令制度的理解。

悬泉汉简
——丝绸之路上的文明交流

敦煌悬泉置是汉代丝绸之路上很普通的一个驿置机构，从长安到敦煌，这样的驿置数不胜数，保证了中西文明的畅通交流。但悬泉置是目前经考古发掘出土汉简文物最为丰富的驿置机构。正是由于悬泉汉简的发现，汉代中西文明交流的具体状貌和发展进程才得以形象的展示到了世人面前。

一、悬泉置遗址的发掘与简牍整理

自19世纪后半叶西方深险家踏入甘肃以来,敦煌地区留下了数不清的寻宝脚印。斯坦因、伯希和、华尔纳等等,他们以西方文明的视角找寻着一切有价值的文物,有的人甚至不止一次来到。民国时期,各类科学考察团成员带着先进的仪器在敦煌来来往往,找寻古代文明的遗迹。新中国成立以后,文博部门多次在敦煌调查发掘,了解敦煌历史的遗存面貌。不过,大家的目光似乎更多被莫高窟、汉长城和古代墓葬所吸引。谁能想到,在戈壁沙碛之下,还静静地酣睡着一个内涵极为丰富的驿置遗址。直到1987年,考古工作者才开始揭起它神秘的面纱。

1. 悬泉置遗址的发掘

敦煌悬泉置遗址,位于敦煌市与瓜州县交界处瓜敦公路南侧1.5千米的戈壁滩上。遗址南依三危山余脉,北临西沙窝盐碱滩,与疏勒河流域汉塞遗址遥相对望。遗址前方是东西向的瓜敦公路,也是古代丝绸之路的交通要道。

在悬泉置遗址东南侧的山谷中有一道泉水流出,即著名的悬泉水,俗称吊吊泉。唐代《沙州都督府图经》(P2005)说:"悬泉水,右在州东一百

悬泉置东南山腹中的悬泉水

卅里。出于石崖腹中，其泉旁出细流，一里许即绝，人马多至，水即多；人马少至，水出即少。《西凉录·异物志》云："汉贰师将军李广利西伐大宛，回至此山，兵士众渴乏，广利乃以掌拓山，仰天悲誓，以佩剑刺山，飞泉涌出，以济三军。人多皆足，人少不盈。侧出悬崖，故曰悬泉。"[①] 这段材料虽有神异夸大之处，但正确地说明了悬泉的位置、得名以及供给饮水的重要性。从敦煌东行，一路戈壁，悬泉水正可提供中途补给，这正是汉代悬泉置设置于此的主要原因。

悬泉置遗址是1987年8月敦煌市博物馆文物普查组发现的。1988年，敦煌市博物馆又多次勘查，发现汉简60余枚。因该遗址风蚀而往往有简牍暴露，1990年，经国家文物局批准，甘肃省文物考古研究所对该遗址全面发掘。经1990年10月21日至1991年1月10日、1991年9至12月、

---

① 郑炳林《敦煌地理文书汇辑校注》，甘肃教育出版社，1989年，第6页。

1992年3至6月、8至12月,三年四个阶段的考古发掘,理清了遗址结构,出土了数量众多的简牍及汉代文物。

经考古发掘可知,悬泉置遗址是汉代敦煌郡下辖驿置之一。遗址有魏晋烽燧、汉代坞院、马厩、房屋及其他附属结构组成。坞院坐西向东,是50×50米的正方形院落,门向东。东北和西南转角处筑角楼,坞院内沿坞墙四周有房屋建筑,共27间。东墙下靠南2间和南墙下3间保存不好,西墙下10间排列整齐,保存较好,但叠压关系复杂,现存房基之下有早期建筑。北墙和东墙下房子较多,有12间,大小不一,多有套间,面积均

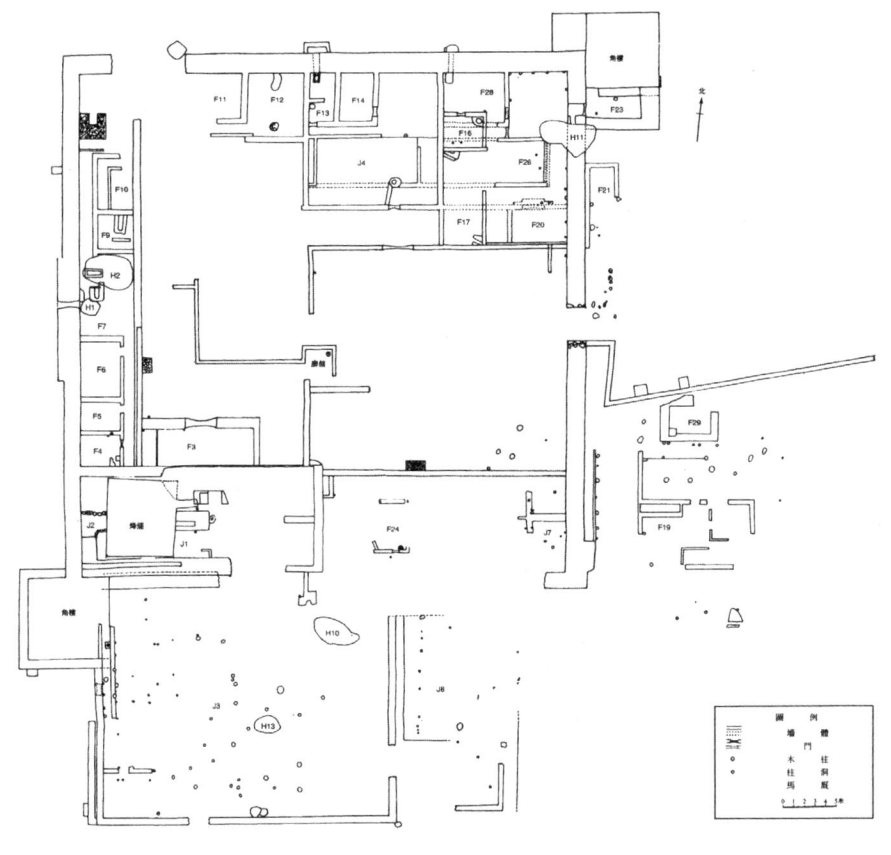

悬泉置遗址发掘平面图

较大，如 F26 为 9×4 米。马厩位于坞院南墙外，由东西两部分构成。厩内残留有木桩及马粪土层，最厚处达 0.5 米。在坞院西墙外和东门口及北侧有灰区堆积。特别是西墙外灰区堆积丰富，灰堆紧依西墙向南北东三个方向延伸，中心部位最高，四周渐低，形成小土丘状，最厚处 1.6 米，是简牍发现的主要地点。经清理，悬泉置遗址共出土简牍 35000 余枚，其中有字者 23000 余枚，还有数量众多的帛书、纸张、壁书、文具及各类生活用品等 6000 余件。

2. 悬泉汉简的整理出版

悬泉汉简出土以后，整理工作随即展开。从 1993 年开始，甘肃省文物考古研究所对全部简牍作了登记、编号建档、文字考释、照片拍摄和出土器物的分类整理，至 2000 年，相关工作基本完成。甘肃省文物考古研究所编写的《甘肃敦煌汉代悬泉置遗址发掘简报》《敦煌悬泉汉简内容概述》及《敦煌悬泉汉简释文选》刊发于《文物》2000 年第 5 期，对悬泉汉简的发掘情况做了全面介绍，公布了一批代表性的简文，为悬泉汉简的早期研究提供了文献基础。

继《敦煌悬泉汉简释文选》之后，对悬泉汉简释文集中收录的，是胡平生、张德芳编著的《敦煌悬泉汉简释粹》。[①] 该著收录悬泉汉简及帛书、泥墙题记等 357 件，数量虽不多，但选取的都是简牍珍品，学术内涵丰富。该著总体上将所选悬泉汉简分为六个部分：诏书、律令、司法文书与政治类；经济与地理类；悬泉置管理与事务类；使节往来与周边关系类；典籍文化类；泥墙题记《四时月令诏条》。从这些分类就可以看出悬泉汉简的内容特点。该著选取了悬泉汉简代表性简册，如永光五年失亡传信册、悬

---

① 胡平生、张德芳《敦煌悬泉汉简释粹》，上海古籍出版社，2001 年。

泉里程简、调史监遮要置册、元康四年鸡出入簿、传马名籍、传车簿、康居王使者册、过长罗侯费用簿、日逐王归义册、归义羌人名籍、案归何诬言驴掌谋反册，以及悬泉帛书元致子方书和墙壁题记《四时月令诏条》等，对于相关史事的研究都很重要。该著释文精到，《敦煌悬泉汉简释文选》公布后，一些学者相继提出修正意见，《敦煌悬泉汉简释粹》著者依据原简图版对释文订正校释，提高了释文的准确性。该著还对简文详细注解，诠释词语，考证史事，有助于悬泉汉简的解读研究。近二十年来，《敦煌悬泉汉简释粹》是研究悬泉汉简的主要依据。

悬泉置遗址发现了一批壁书文物，特别是其中一块题写有《四时月令诏条》的壁书，内容基本完整，形式独特，受到研究者关注。《敦煌悬泉汉简释文选》已刊布了壁书图版和释文，何双全《新出土元始五年〈诏书四时月令五十条〉考述》对墨书题记的释文作了修订和注释。[①] 胡平生对壁书内容做了深入细致的研究，2001 年，中国文物研究所、甘肃省文物考古研究所编《敦煌悬泉月令诏条》出版，[②] 集中反映了胡先生的研究成果。该著介绍了悬泉壁书的出土及整理情况，对壁书《四时月令诏条》的释文详细考释注解，并考察了月令诏条的颁布背景和历史价值。

由于悬泉汉简重要的学术价值，整理者对释文做过多次校订。2002 年 10 月至 2003 年 1 月，甘肃省文物考古研究所组织专家对释文进一步校理。由于借助了红外线阅读器，释文工作有显著推进。

2019 年，甘肃简牍博物馆开始对悬泉汉简整理出版。整理工作由甘肃

---

① 何双全《新出土元始五年〈诏书四时月令五十条〉考述》，《国际简牍学会会刊》第三号，兰台出版社，2001 年。

② 中国文物研究所、甘肃省文物考古研究所编《敦煌悬泉月令诏条》，中华书局，2001 年。

简牍博物馆、甘肃省文物考古研究所、陕西师范大学人文社会科学高等研究院、清华大学出土文献研究与保护中心联合整理。由于悬泉汉简数量众多，整理工作拟分八卷出版。《悬泉汉简（壹）》由中西书局于2019年11月出版，全书分上、下两卷，上卷收录彩色图版，下卷收录红外图版，释文随图版而列，并收录了简牍形制数据，为汉代历史文化研究提供了新的宝贵资料。

二、悬泉置的管理与运转

敦煌悬泉置是汉代驿置机构的代表，考古发掘揭示了悬泉置的结构布局，汉简文献则记载了悬泉置的职事运行。通过悬泉汉简考察汉代驿置机构的管理运行及内部设置，有助于认知汉代行政信息传递及基层人员接待的具体状貌。

1. 古代文献对置的记载

置是古代邮驿机构。《广雅·释诂》："置，驿也。"《孟子·公孙丑上》："孔子曰：'德之流行，速于置邮而传命。'"可见春秋时期就有置的设置。《韩非子·难势》："夫良马固车，五十里而一置，使中手御之，追速致远，可以及也，而千里可日致也，何必待古之王良乎？"①则战国时期置的设置已有一定规程。

秦代驿置机构已比较完善。《晋书·刑法志》说："秦世旧有厩置、乘传、副车、食厨，汉初承秦不改。"②云梦睡虎地秦简中有《行书律》，对邮书传

---

① [清] 王先慎《韩非子集解》，第393页。
② [唐] 房玄龄等《晋书》卷30《刑法志》，中华书局，1974年，第924页。

递制度有具体规定，简文说："行命书及书署急者，辄行之；不急者，日觱（毕），勿敢留。留者以律论之。"①反映出秦代邮书制度管理的严格。

汉代驿置的设置更为通畅。汉初高祖初平天下，召见齐人田横，《史记·田横列传》："未至三十里，至尸乡厩置。"集解引瓒曰："厩置，置马以传驿也。"②可见汉初厩置已在设置运行。吕后时期的张家山汉简《二年律令》中有《行书律》，对邮驿机构的设置、管理、邮书传递的速度、违规处罚都有详细规定。又《津关令》记载："相国长沙丞相书言：长沙地卑湿，不宜马，置缺不备一驷，未有传马，请得买马十，给传置，以为恒。•相国、御史以闻，请许给买马。•制曰可。"③这是朝廷允许长沙国买马给传置的诏书，是汉初保证驿置运转的措施。《汉书·文帝纪》："太仆见马遗财足，余皆以给传置。"颜师古注："置者，置传驿之所，因名置也。"是汉文帝时期对传置的重视。《后汉书·和帝纪》记载："旧南海献龙眼、荔支，十里一置，五里一候，奔腾阻险，死者继路。"④《续汉志·舆服上》："驿马三十里一置。"⑤《后汉书·西域传》记载："立屯田于膏腴之野，列邮置于要害之路。"⑥从这些文献可以看出，两汉传置机构设置十分普遍。"置"的设置有一定规制，或言"十里一置"，或言"三十里一置"，都因地域而有不同。西北地区地广人稀，置的设置就更为灵活，如悬泉置出土的里程简记载："……玉门去

---

① 睡虎地秦墓竹简整理小组《云梦睡虎地秦简》，文物出版社，1990年，第61页。

② 《史记》卷94《田横列传》，第2648页。

③ 张家山二四七号汉墓竹简整理小组编《张家山汉墓竹简［二四七号墓］》，文物出版社，2006年，第87页。

④ ［宋］范晔《后汉书》卷4《和帝纪》，中华书局，1965年，第194页。

⑤ ［晋］司马彪撰，［梁］刘昭注补《后汉书志》第29《舆服上》，收入［宋］范晔《后汉书》，中华书局，1965年，第3651页。

⑥ ［宋］范晔《后汉书》卷88《西域传》，第2931页。

沙头九十九里,沙头去乾齐八十五里,乾齐去渊泉五十八里,右酒泉郡县置十一,六百九十四里。"(Ⅱ90DXT0214①:130A)置之间的距离就更远一些。

2. 悬泉置的行政管理

悬泉置是敦煌郡下设九个驿置中的一个,因其地处效谷县境内,所以行政事务由效谷县管理。

> 十月己巳,效谷守丞尊谓遮要、县泉置:写移书到,受簿入十月报,会月五日,毋令缪,如律令。/掾□、令史尊。
>
> 建昭元年十月丙寅朔辛未,悬泉厩啬夫遂成敢言之,廷移渊泉书曰:出穤麦小石七十三石五斗,付啬夫建等以食传马。书到,受簿入十月报。·谨受簿入十月,谒报渊泉敢言之。　Ⅱ90DXT0216②:66-69①

这是汉元帝建昭元年(前38)十月四日效谷县发给遮要置与悬泉置的文书,要求将各置与渊泉谷物出入的情况上报。十月六日悬泉置上报文书,说明谷物接受情况。遮要置与悬泉置是设在效谷县的两个置,从文书下发程序和悬泉置的汇报来看,悬泉置的行政事务由效谷县管理。

另一方面,悬泉置还要受到敦煌郡的监管,简牍文书反映出敦煌郡通过派遣都吏、守属、亭长、史等吏员监领悬泉置。

> 本始三年七月丁丑,为郡监领县泉置亭长国敢言之莫府,谨Ⅰ90DXT0114③:33

---

① 郝树声、张德芳《悬泉汉简研究》,第264页。

五凤元年五月癸酉，太守守属光监县泉置移效谷，府调……
I91DXT0309③:92

　　因此从行政管理来看，悬泉置地位重要。一方面行政事务由效谷县管理，可以保证日常事务的正常运转。另一方面敦煌郡派员监领，可以保证朝廷政令的畅通执行。同时从悬泉置传马、肉食的供应看，敦煌郡与效谷县都为悬泉置提供物资保障。而从悬泉置承担的职事来看，悬泉置接待的各类人员，既有人数较少的吏员过往，也有人数颇多的外交使团，更是需要效谷县与敦煌郡的多层次支持。

　　悬泉置的负责人，称为啬夫，有佐协助管理。

　　永光元年六月丙寅朔丁卯，县泉置啬夫奉光、佐建敢言之，谨移四月尽六月兵簿一编敢言之。　Ⅴ92DXT1410③:23

　　这是汉元帝永光元年（前43）六月二日悬泉置上报的一份季度性兵物簿，由悬泉置啬夫奉光和佐建签署上报，可见啬夫、佐为悬泉置具体事务管理者。

　　悬泉置在汉宣帝后期和元帝初期还设置过置丞管理。

　　五凤四年九月己巳朔己卯，县泉置丞可置敢言之，廷移府书曰，效谷移传马病死爰书。县泉传马一匹、骊、乘、齿十八岁、高五尺九寸、送渠犁军司令史　Ⅱ90DXT0115③:98

　　这是汉宣帝五凤四年（前54）悬泉置的置丞向效谷县上报的文书，置丞的设置可能反映了敦煌郡对悬泉置管理的加强。宣、元之际，西域多事，悬泉置接待任务繁重，置丞的设置应与此相关。

悬泉置繁杂的具体劳作，是由卒、御、奴、徒等人员承担。

  县泉卒庞圣，禀二石三斗九升☐ Ⅱ90DXT0114③:230

  板檄一封，酒泉太守章，诣敦煌太守府。甘露五年正月戊申日出时，县泉御顾顺受鱼离御虞临 Ⅱ90DXT0214③:185

  入粟六斗，鸿嘉四年十一月癸酉，县泉奴便受遮要啬夫护 Ⅱ90DXT0113③:7

  鸿嘉四年十二月丁卯，县泉置徒张陵受遮要置啬夫护☐ Ⅱ90DXT0212②:19

上述汉简记载了悬泉置具体劳作人员的情况：卒为戍卒，是戍边劳作的人员；御是专门负责驾驭车马的人；奴应是官奴，没入县官从事无偿劳作的人；徒为刑徒，因犯罪而服劳役的人。正是这些普通劳动者承担了悬泉置日常运行的各种杂务劳动。

3.悬泉置的事务管理

悬泉置承担事务繁杂，涉及邮书传递、人员接待、马匹饲养及各种杂役劳作，由内设或附属的驿、邮、厩、厨、传舍等机构承担具体职事。

悬泉驿，主要承担紧急文书的传递。《说文》："驿，置骑也。"段玉裁注："言骑以别于车也。驲为传马，驿为置骑，二字之别也。"《汉书·高帝纪》："横惧，乘传诣洛阳。"颜师古注："传者，若今之驿，古者以车，谓之传车，其后又单置马，谓之驿骑。"[1]可见驿的主要特点是用骑马的方式快速传递

---

[1]《汉书》卷1《高帝纪》，第58页。

文书。悬泉汉简记载悬泉驿有驿佐、驿骑、驿小史、驿卒等人员。

  西到平望骑置五十里

县泉置骑置

    东出广至万年骑置卌☐ Ⅴ 90DXT1411②:55

  上书二封，其一封长罗侯，一乌孙公主，甘露二年二月辛未日夕时受平望驿骑富，县泉驿骑朱定付万年驿骑。Ⅱ 90DXT0113③:65

  阳关都尉明上书一封，甘露元年十一月丁酉日中时，县泉译骑德受平望译骑☐☐，日中付遮要译骑 Ⅰ 90DXT0114③:5

  上述第一简说明了悬泉驿与周边驿骑的关系。悬泉驿西为平望驿，东为万年驿。后两简记载了悬泉驿传递文书的情况。从文书的发送者看，简文记载的长罗侯、乌孙公主，就是史书记载的常惠与解忧公主，阳关都尉则是主管一方的地方要员，可见驿骑传递的是比较重要的文书。

  悬泉邮，承担邮书传递的职能。《说文》："邮，境上行书舍也。"《广雅·释诂》："邮，驿也。"但邮和驿还是有区别。焦循《孟子正义》引《字书》曰："马递曰置，步递曰邮。"① 可见邮是以步行传递。又睡虎地秦简《秦律十八种·田律》："近县令轻足行其书，远县令邮行之。"② 张家山汉简《二年律令·行书律》："诸狱辟书五百里以上，及郡县官相付受财物当校计者书，皆以邮行。"③ 可见邮书是距离较远的公文传递。邮书有专门的邮人传递，《行书律》："邮

---

  ① ［清］焦循《孟子正义》，中华书局，1987年，第185页。
  ② 睡虎地秦墓竹简整理小组《云梦睡虎地秦简》，第19页。
  ③ 张家山二四七号汉墓竹简整理小组编《张家山汉墓竹简［二四七号墓］》，第47页。

人行书，一日一夜行二百里。"① 邮书传递速度也不慢。

  入西书八，邮行，县泉邮孙仲受石靡邮牛羌。永平十五年三月九日人定时　Ⅵ 91DXF13C②:7

这枚汉简是邮书传递记录，悬泉邮人孙仲从石靡邮人牛羌处接受向西传递的八封邮书，可见悬泉邮在石靡邮之西。悬泉汉简中关于邮的记载总体上较少，而且时代多为东汉，如本简纪年便为明帝永平十五年（72）。汉应劭《风俗通义》称："汉改邮为置。"② 悬泉邮的情况，可能是西汉时期具有综合职能的置的作用强化，邮的职能被置代替。东汉时期置的功能弱化，邮的功能又凸现了出来。

悬泉厨，承担过往人员的饮食供应，具体人员有厨啬夫、厨佐等。

  元康四年十二月甲寅朔戊辰，县泉厨啬夫时敢言之，谨移正月尽十二月丁卯鸡出入簿一编，敢言之　Ⅰ 90DXT0112③:131
  入粟一石五斗，五月己酉县泉厨佐宪受仓假佐友　Ⅴ 90DXT1411②:48

前简是"悬泉置元康四年鸡出入簿"册书中的一枚简，悬泉置厨啬夫上报该年鸡出入的情况。后简是悬泉厨佐接受谷物的记录，二简证明了悬泉厨对饮食的管理。

---

① 张家山二四七号汉墓竹简整理小组编《张家山汉墓竹简[二四七号墓]》，第46页。

② [汉]应劭撰，王利器校注《风俗通义校注》，中华书局，1981年，第578页。

悬泉厩，承担马匹饲养职事，有厩啬夫、厩佐、厩御、厩徒等人员。

县泉置三月旦见传马卌六匹。其一匹迺二月丁未送谒者郭君，西到遮要置病中，尽三月戊申死，今见传马卌五匹

Ⅱ90DXT0112③:127

阳朔元年三月戊申朔戊申，县泉厩啬夫敢言之，谨移三月旦见传马如牒，敢言之　Ⅱ90DXT0112③:128

上两简是一封册书，编绳依旧。简文内容为悬泉置厩啬夫上报三月实有传马的文书。三月一日，悬泉置本有传马46匹，因为一匹传马在二月送使者时生病而死，现有传马45匹。这封册书正反映出悬泉厩啬夫对马匹的管理，以及当时悬泉置拥有马匹的数量。悬泉厩不仅在汉简中有记载，考古发掘还揭示悬泉置坞院南墙外有马厩两间，且有木桩和马粪堆积，就是悬泉厩的实物证明。悬泉厩是邮书传递及人员接待时使用马匹的重要保障。

悬泉传舍，是提供过往人员住宿的机构。传舍在史籍中多有记载，如《史记·黥布列传》："楚使者在，方急责英布发兵，舍传舍。"[①]《汉书·龚胜传》："行道舍传舍，县次具酒肉，食从者及马。"颜师古注："于传舍止宿，若今官人行得过驿也。"[②] 悬泉传舍由传舍啬夫、传舍佐负责。

☐年正月乙未朔甲辰，县泉传舍啬夫☐
谨移床席簿一编敢言之。☐之告☐☐　Ⅱ90DXT0214③:266

---

① 《史记》卷91《黥布列传》，第2601页。
② 《汉书》卷72《王贡两龚鲍传》，第3084页。

入千人范君所买脂二百五十三斤二两。甘露三年四月甲寅朔癸亥,县泉传舍假佐审护众受鱼离传舍假佐杜赦　Ⅴ T1312③:64

这两枚汉简记载悬泉置传舍啬夫与假佐对传舍事务的管理。席是传舍铺垫的用具,脂可食用或照明。传舍最重要的支撑还是房屋,悬泉置遗址考古发掘发现房屋27间,大小不一,有的房间还有套间,有的还配有厕所,是汉代传舍的直观反映。

从上面汉简文献可以看出,悬泉置是设置于敦煌郡效谷县境内的驿置机构,敦煌郡派员管理,具体事务由置啬夫负责。悬泉置承担着过往人员住宿饮食接待、文书传递、马匹饲养等职事,是丝绸之路得以畅通的重要保障。

三、使者往来与丝绸之路文明交流

由于敦煌悬泉置地处丝绸之路必经要道,东来西往的各类过客在此饮食住宿,留下了他们在历史上的清晰足迹。悬泉置对于过往人员的住宿、饮食、车马接待等情况细致记载,是了解汉代丝绸之路中西文明交流的珍贵资料。而在各类过往人员中,接受朝廷任命的使者尤其引人关注。汉朝使者从中原来到敦煌,然后由此踏上进入西域的漫漫征途。而西域诸国王侯贵人来汉,也首先在敦煌歇息,而后经河西走廊进入中原。因此考察悬泉汉简中的使者往来信息,对认识汉代中西文明交流意义重要。

悬泉置遗址复原图

1. 武、昭、宣时期

敦煌是汉朝最西端的门户。汉朝使者来到敦煌,一般是为了出使西域。汉朝与西域的官方交流,始于汉武帝时的张骞凿空之旅。之后李广利伐大宛,是一次重要的军事活动。

汉昭帝时傅介子立功楼兰，加强了对西域的管控。汉宣帝时西域都护府设立，汉与乌孙、龟兹和亲，汉对西域的管理正式确立。昭、宣时期社会稳定，经济繁荣，汉朝对西域采取的措施得当，丝绸之路中西文明交流展现出勃勃生机。

  元平元年十一月己酉，□□使甘□□迎天马敦煌郡，为驾一乘传，载奴一人。御史大夫广明下右扶风，以次为驾，当舍传舍，如律令
Ⅱ90DXT0115④:37

这是汉昭帝元平元年（前74）十一月十六日的传书，昭帝该年四月驾崩，六月昌邑王即位旋被废，七月宣帝即位，当年仍用昭帝年号。简文中的御史大夫广明指田广明，朝廷移文让使者到敦煌迎取天马，要求沿途"当舍传舍"，使者因经过悬泉置而留下了传书记录。汉武帝太初四年（前101），李广利征伐大宛得胜，"宛王蝉封与汉约，岁献天马二匹。"① 简文说明到了昭宣之际，大宛献马的政策仍在执行。

  县泉置元康五年正月过长罗侯费用簿，县掾延年过
  入羊五其二羒，三大羊，以过长罗侯军长吏具
  入鞠三石受县
  出鞠三石以治酒之酿
  入鱼十枚受县
  入豉一石五斗受县
  今豉三斗

---

① 《汉书》卷96《西域传》，第3895页。

出鸡十只一枚以过长罗侯军长史二人·军侯丞八人，司马丞二人，凡十二人，其九人再食，三人一食

出牛肉百八十斤以过长罗侯军长史廿人，斥候五十人，凡七十二人

出鱼十枚以过长罗侯军长史具

出粟四斗以付都田佐宣以治庚

出䜴一石二斗以和酱食施刑士

入酒二石受县

出酒十八石以过军吏廿，斥候五人，凡七十人

·凡酒廿其二石受县，十八石置所自治酒

凡出酒廿石

出米廿八石八斗以付亭长奉德□都田佐宣以食施刑士三百人

·凡出米卅八石　Ⅰ 90DXT0112③:61—78

上述十八简为同一册书，简上有篇题："县泉置元康五年正月过长罗侯费用簿"。册书记载了悬泉置接待长罗侯部属的饮食支出。从食物种类看，有米、粟、羊、牛肉、鸡、鱼、酒、麹、䜴等物，种类多而丰盛。接待的长罗侯军吏有军长史、军候丞、司马丞、军吏、斥候、施刑士等各类人员，从吏员身份和人数可以看出是规模不少的团体。

长罗侯常惠，《汉书》卷七十有传，是汉代杰出的外交家。常惠在汉宣帝时多次出使乌孙，特别是本始二年（前72）汉与乌孙联兵征伐匈奴，常惠持节护乌孙兵，取得了重大胜利，汉朝因此封常惠为长罗侯。元康二年（前64），汉与匈奴争夺车师，郑吉带领渠犁田卒七千人去营救，被匈奴所围。汉朝派常惠带领张掖、酒泉骑士到车师迎还郑吉吏士至渠犁。该年，乌孙昆弥翁归靡因常惠上书，愿以解忧公主子元贵靡为嗣，并请汉公主和亲。

宣帝同意，先派遣使者到乌孙迎取聘礼，乌孙派使者三百人入汉迎娶公主。宣帝以解忧公主弟子相夫为公主，到上林苑中学乌孙言。神爵二年（前60），"使长罗侯光禄大夫惠为副，凡持节者四人，送少主至敦煌。"①但因翁归靡去

元康五年正月过长罗侯费用簿

世，乌孙立亲匈奴之狂王，汉朝征还少主。本简册的时间是元康五年即神爵元年（前61），长罗侯常惠此时经过敦煌，应是与联系乌孙和亲事务有关。②

　　广至移十一月谷簿，出粟六斗三升，以食县泉厩佐广德所将助御效谷广利里郭市等七人送日逐王往来三食，食三升，校广德所将御故廪食县泉，而出食，解何？　Ⅰ91DXT0309③:167-168

　　神爵三年三月辛丑朔己酉，广至守丞德以私印行事，移县泉府移举一牒，簿出食过律程，承余付受，多不相应，今写举、移各如牒，书到，令史枸校所廪广至县置粟石斗数，愿亟白报，须言举决大守府，毋留如律令　Ⅰ91DXT0309③:165A—166

　　掾安国、佐长舒　Ⅰ91DXT0309③:165B

---

① 《汉书》卷96《西域传》，第3905页。
② 张德芳《〈长罗侯费用簿〉及长罗侯与乌孙关系考略》，《文物》2000年第9期。

171

这是由四枚汉简构成的一份册书,是广至县移送到悬泉置的举书,说明悬泉置厩佐广德带领助御等七人送日逐王,广德等人在悬泉置受过廪食,而后又在广至县接受廪食,询问是何原因。

该册书在结构上可分为两个部分,前两简是牒书,说明廪食不当事务。后两简是移书,要求悬泉置调查说明。因为这件事还要汇报太守府,所以要求快速回复,不可稽留。该简册反映出汉代县与置之间移文调查事务的情况。

该简册更重要的价值在于出现了"送日逐王",是汉代西域重要事件。《汉书·宣帝纪》记载:"(神爵二年)秋,匈奴日逐王先贤掸将人众万余来降。使都护西域骑都尉郑吉迎日逐,破车师,皆封列侯。"① 正是因为匈奴日逐王归降,西域北道安宁,西域都护才得以设立。简册纪时为神爵三年(前59)三月,而牒书有"十一月簿",可见悬泉置送日逐王到敦煌的时间是神爵二年十一月,正可与史书记载神爵二年秋日逐王归汉相对应。简册记载确认了日逐王归汉就是从敦煌经过,进一步证明了丝绸之路重要的历史地位。

　　五凤四年六月丙寅,使主客散骑光禄大夫田扶韦制诏御史曰,使云中太守安国、故□未央仓龙□、卫司马苏□、武强,使送车师王、乌孙诸国客,与军候周充国载先俱,为驾二封轺传,二人共载。御史大夫延年□□□承书以次为驾,当舍传舍,如律令　Ⅱ90DXT0113④:122A

---

① 《汉书》卷8《宣帝纪》,第262页。

这枚汉简纪年汉宣帝五凤四年（前54）六月廿七日，有御史大夫杜延年签发。简文内容是朝廷发出的传书，说明派遣云中太守等吏员出师西域，目的是"送车师王、乌孙诸国客"。要求沿途依据律令"以次为驾，当舍传舍"，也就是提供食宿接待服务。该传书在悬泉置发现，应是悬泉置抄录的副本。这枚汉简反映出朝廷派遣吏员送西域客人，是汉朝与西域往来的见证。

　　甘露二年四月庚申朔丁丑，乐官令充敢言之。诏书以骑马助传马，送破羌将军、穿渠校尉、使者冯夫人。军吏远者至敦煌郡，军吏晨夜行，吏御逐马，前后不相及，马罢亟，道弃，逐索未得。谨遣骑士张世等，以物色逐各如牒，唯府告部、县、官、旁郡，有得此马者以与世等，敢言之　V 92DXT1311 ④:82

这枚汉简纪年汉宣帝甘露二年（前52）四月十八日，简文内容是酒泉郡乐涫县发出的文书，说明因为朝廷诏书要求以骑马助传马送朝廷使者，行动紧急，马匹疲劳而中道丢弃。现在发文要派遣骑士张世等寻找丢失马匹，沿途各机构有得到马者可给予张世等。本简内容有助于认知汉代边地马匹管理政策。

本简更重要的价值在于简文记载了破羌将军、穿渠校尉、使者冯夫人等重要人物。根据史书记载可知，简文所述事件与汉宣帝甘露年间乌孙事务有关。甘露元年（前53），乌孙翁归靡胡妇子乌就屠袭杀狂王自立为昆弥，"汉遣破羌将军辛武贤将兵万五千人至敦煌，遣使者案行表，穿卑鞮侯井以西，欲通渠转谷，积居庐仓以讨之。"[①] 简文中的破羌将军与穿渠校尉，就是指到敦煌备战的辛武贤以及欲通渠转谷的穿渠校尉。冯夫人指冯

---

① 《汉书》卷96《西域传》，第3907页。

嫽,"楚主侍者冯嫽能史书,习事,尝持汉书为公主使,行赏赐于城郭诸国,敬信之,号曰冯夫人。"①冯夫人为乌孙右大将妻,右大将与乌就屠亲近,于是西域都护郑吉使冯夫人劝说乌就屠归顺于汉,乌就屠表示愿得小号。汉宣帝征问冯夫人问状,汉遣使者分封亲汉者元贵靡为大昆弥,乌就屠为小昆弥,乌孙得安。简文所记史事应是冯夫人对答汉宣帝问状之后返回西域而经过敦煌的情况。因此简文的记载正可与史书记载相印证,并能在诸多细节上补充史书记载的不足。

  甘露三年十月辛亥,丞相属王彭,护乌孙公主及将军、贵人、从者,道上传车马为驾二封轺传,□请部。御史大夫万年下谓成,以次为驾,当舍传舍,如律令。 V 90DXT1412③:100

  这枚汉简纪年汉宣帝甘露三年(前51)十月一日,简文性质是传书,由御史大夫陈万年签发,要求按规定为出使西域的人员提供传舍接待。简文中出现了"乌孙公主",就是远嫁乌孙的解忧公主。《汉书·西域传》:"元贵靡、鸱靡皆病死,公主上书言年老土思,愿得归骸骨,葬汉地。天子闵而迎之,公主与乌孙男女三人俱来至京师。是岁,甘露三年也。"②简文所记事务,很可能与乌孙公主归汉有关。

---

① 《汉书》卷96《西域传》,第3907页。
② 《汉书》卷96《西域传》,第3908页。

2. 元、成时期

西汉元、成时期，朝政日益腐败，宦官专权，外戚乱政，汉朝由盛转衰。不过前朝开通的丝绸之路，后世仍在畅通运转，边关将士仍然谋划立功封侯。元帝初元元年（前48）西域设置戊己校尉。建昭三年（前36），甘延寿、陈汤远征康居，诛郅支单于，立功绝域，汉与西域的交流进一步通畅。悬泉汉简记载西域诸国到汉地奉献，就是中西文明交流的重要现象。

使大月氏副右将军史柏圣史，将大月氏双靡翖候使者万若、山副使者苏赣皆奉献言事，诣在所，以令为驾一乘传。

永光元年四月壬寅朔壬寅，敦煌太守千秋、长史章、仓长光兼行丞事，谓敦煌：以次为驾，当传舍，如律令，四月丙午过东。　Ⅴ 92DXT1210 ③:132

这枚汉简纪年为汉元帝永光元年（前43）四月一日，敦煌太守下行文，要求为过往人员提供车马接待。这些人员从西域而来，经敦煌向东而去。其中有大月氏使者、山国使者，他们要奉献言事，可见汉元帝时汉与西域的畅通交流。

康居王使者杨伯刀、副扁阗，苏薤王使者姑墨、副沙囷即，贵人为匿等皆叩头自言：前数为王奉献橐佗入敦煌　Ⅱ 90DXT0216 ②:877
关，县次赎食，至酒泉昆蹏官，大守与杨伯刀等杂平直肥瘦。今杨伯刀等复为王奉献橐佗，入关，行道不得　Ⅱ 90DXT0216 ②:878
食，至酒泉，酒泉大守独与小吏直畜，杨伯刀等不得见所献橐佗。姑墨为王献白牡橐佗一匹，牝二匹，以为黄。及杨伯

刀　Ⅱ 90DXT0216②:879

等献橐佗，皆肥，以为瘦，不如实，冤。　Ⅱ 90DXT0216②:880

永光五年六月癸酉朔癸酉，使主客谏大夫汉、侍郎当移敦煌大守，书到，验问言状，事当奏闻，毋留如律令。　Ⅱ 90DXT0216②:881

七月庚申，敦煌大守弘、长史章、守部候修仁行丞事，谓县，写移书到，具移康居苏䪍王使者杨伯刀等献橐佗食用谷数，会月廿五日，如律令。/掾登、属建、书佐政、光。　Ⅱ 90DXT0216②:882

七月壬戌，效谷守长合宗、守丞敦煌左尉忠谓置，写移书到，具写传马止不食谷，诏书报，会月廿三日，如律令。/掾宗、啬夫辅。　Ⅱ 90DXT0216②:883

康居王使者册

以上七枚汉简是一个完整册书，时代为汉元帝永光五年（前39）。简册内容说康居国使者来到汉朝贡献，一路上没有得到饮食接待，所献骆驼被酒泉太守评估不实，将白骆驼评为黄骆驼，将肥骆驼评为瘦骆驼，因而上诉朝廷。朝廷由使主客谏大夫下文敦煌太守，敦煌太守又下文效谷县，效谷县再下文悬泉置，要求调查接待康居王使者的情况。简文生动地反映出汉代贡赐贸易的状况。康居国使者到汉朝奉献，目的就是为了得到赏赐。康居国使者遭受不公正待遇，很可能与当时汉与康居政治形势有关。汉元帝初元五年（前44），匈奴郅支单于杀汉使者，西走康居，与康居王联姻交好。到建昭三年

（前36），陈汤、甘延寿出师康居，斩郅支单于首。简文纪年永光五年（前39），是汉与康居关系紧张时期，康居国使者遭受的不公可能不是无意行为。朝廷下文调查，则体现了对外交事务的重视。

  鸿嘉三年正月壬辰，遣守属田忠送自来鄯善王副使姑毚、山王副使乌不朕奉献，诣行在所，为驾一乘传。敦煌长史充国行太守事、丞晏谓敦煌，为驾，当舍传舍、郡邸，如律令。六月辛酉西　Ⅱ90DXT0214②:78

这枚汉简纪年为汉成帝鸿嘉三年（前18），敦煌太守府下文，要求做好西域至汉地奉献的使者接待工作。西域的鄯善王副使、山国副使到汉奉献，可见汉成帝时中原与西域的交往关系。

3.哀、平时期

西汉哀、平时期，朝政更加腐败。哀帝时傅、丁外戚专权，宠幸董贤；平帝时王莽专权，外戚政治成为西汉末的浊流。不过此时大汉余威尚在，汉与西域诸国仍有往来。到王莽代汉，歧视边疆民族，西域诸国先后反叛，中西交流也被迫中断。

  建平五年十一月庚申，遣卒史赵平送自来大宛使者侯陵奉献，诣行在所☐　Ⅱ90DXT0114④:57

此简纪年汉哀帝建平五年即元寿元年（前2），大宛使者到朝廷奉献。朝廷派卒史赵平护送大宛使者到长安去，因经过敦煌而有记载，是大宛与汉交流的证明。

  元始二年二月己亥，少傅左将军臣丰、右将军臣建，承制诏御史曰，候旦发送乌孙归义侯侍子，为驾一乘轺传，得别驾载从者二人，御七十六　Ⅰ 90DXT0116S:14

  此简纪年汉平帝元始二年（2），朝廷发文，说明发送乌孙归义侯侍子乘坐车辆的规格。《汉书·西域传》："至元始中，卑爰疐杀乌日领以自效，汉封为归义侯。"① 简文正说明乌孙归义侯卑爰疐向汉质子。朝廷发文，是对西域事务的具体管理。

  从上面的汉简记载可以看出，自汉武帝开河西，昭、宣、元、成、哀、平时期，汉与西域的交往绵延不断。汉朝对西域有效管理，西域诸国派人到汉朝奉献，使者商贾不绝于途，悬泉汉简就是丝绸之路中西文明交流畅通的忠实见证。

---

① 《汉书》卷96《西域传》，第3910页。

四、汉代书写的多样形式

秦汉时期的主要书写材料是简牍，但同时也还存在其他书写材料。悬泉置遗址发现的帛书，内容均为私人信札，保存完好的"元致子方书"，是汉代书牍的代表。悬泉置发现的纸张非常丰富，有的上面写有文字，已开启了纸张书写的先河。悬泉置壁书文字，内容以诏令文书为主，反映了汉代的行政管理。悬泉置保存的多种书写材料，反映出汉代文化传播形式的多样。

1. 悬泉帛书信札

缣帛也是古代重要的书写材料。《晏子》外篇卷七记载："景公谓晏子曰：'昔吾先君予管仲狐与谷，其县十七，著之于帛，申之以策，通之诸侯，以为其子孙赏邑。'"① 这是春秋时期以帛书写的例子。《墨子·明鬼下》："古者圣王，必以鬼神为其务，又恐后世子孙不能知也，故书之竹帛，传遗后世子孙。"② 也可见先秦时期将帛作为书写的材料。1942 年发现的长沙子弹

---

① 吴则虞撰《晏子春秋集释》，第 485 页。
② ［清］孙诒让撰《墨子间诂》，中华书局，2001 年，第 237 页。

库楚帛书成书于战国时代，就是实物的证明。秦汉时期，帛书的使用更广，"竹帛"一词屡见史籍。如《史记·孝文本纪》："然后祖宗之功德著于竹帛，施于万世，永永无穷，朕甚嘉之。"[1]1973年长沙马王堆三号汉墓发现一个漆奁，盛有折叠保存的帛书，抄写内容以典籍文献为主，有的还绘有图画，可见汉代缣帛同样广泛运用于书写。

西北地区帛书发现的例子比较多。1907年斯坦因在敦煌汉塞发现的"政致幼卿君明"帛书（敦1871、1872），内容是私人书牍。1973年肩水金关遗址出土的"张掖都尉棨信"，写在红色缣帛之上。1979年敦煌马圈湾发现长条形帛书，内容是市物记录。[2]敦煌悬泉置出土帛书较多，其中保存较好的是"元致子方书"与"建致中公夫人书"等，是汉代帛书私牍的代表。

元致子方书（Ⅱ90DXT0114③:611），[3]写在一块黄色绢上，长23.2、宽10.7厘米，竖行隶书，共10行，322字。出土时叠成小方块，保存完整。因受潮墨迹相互渗透，文字略有浸润。文书内容如下：

　　元伏地再拜请

　　　子方足下，善毋恙！苦道子方发，元失候不侍驾，有死罪。丈人、家室、儿子毋恙，元伏地愿子方毋忧。丈人、家室元不敢忽骄，知事在库，元谨奉教。暑时元伏地愿子方适衣、幸酒食、察事，幸甚！谨道：会元当从屯敦煌，乏沓，子方所知也。元敢不自外，愿子方幸为元买沓一两，绢韦，长尺二寸；笔五枚，善者，元幸甚。钱请以便属舍，

---

[1]《史记》卷10《孝文本纪》，第436页。
[2] 甘肃省文物考古研究所《敦煌汉简》，彩版三。
[3] 甘肃省文物考古研究所《甘肃敦煌悬泉置遗址发掘简报》，《文物》2000年第5期，封二。

不敢负。愿子方幸留意,沓欲得其厚、可以步行者。子方知元数烦扰,难为沓。幸甚幸甚!所因子方进记差次孺者,愿子方发过次孺舍,求报。次孺不在,见次孺夫人容君求报,幸甚,伏地再拜子方足下!

·所幸为买沓者愿以属先来吏,使得及事,幸甚。元伏地再拜再拜!

·吕子都愿刻印,不敢报,不知元不肖,使元请子方,愿子方幸为刻御史七分印一,龟上,印曰:吕安之印。唯子方留意,得以子方成事,不敢复属它人。·郭营尉所寄钱二百买鞭者,愿得其善鸣者,愿留意。

自书:所愿以市事幸留意留意,毋忽,异于它人。Ⅱ90DXT0114③:611

这份帛书的内容是元写给子方的书信。书信内容可分为七个部分:一是写信人元对子方的问候,说明子方起程,路途辛苦,元不能迎候侍奉左右,实在是死罪。子方的父母、家眷、儿子都好,元不敢怠慢不敬。元管理库房事务,愿接受子方的教导。因天气炎热,元希望子方调适衣物、注意饮食以适应工作。二是因为元要去敦煌,希望子方替他购买一双皮鞋,皮鞋用绢和皮革制成,长一尺二寸(27.7厘米)。皮鞋要厚实,便于行走。同时再买五枝好的毛笔。钱会在方便的时候交到子方家中。三是希望子方到上次递交过书信的次孺家中,请求次孺回信。如果次孺不在,就让次孺的妻子容君回信。四是希望子方将皮鞋买好后,通过先回来的吏员带回,以便赶上使用。

元致子方书

五是托子方给吕子都刻一封印,印的形制为御史七分(1.6厘米见方)龟纽,印文为"吕安之印"。六是郭营尉所寄二百钱要买鞭子,希望买到抽起来响的鞭子。七是补充说明,希望重视所购物品,不可疏忽。

由于书信内容繁杂,因此写信人在写信时注意不同事件的区别。一是运用分段方式区别,书信写至为吕子都刻印事时分段另书,以示事务不同。二是运用加"·"的方式区别,书牍用了三次,以示事务不同。书牍最后一行文字写在左下方,字迹与正文不相同,有"自书"的提示语,嘱托子方不要疏忽所购物事,可见是元自己的书写,那么正文内容应该是托人所书。从字迹来看,正文字迹工整,书道优美,而元自书字迹潦草,风格不同,也可见书信正文是善书者所写。

这件帛书的形制也值得关注。帛书长 23.2 厘米,近汉代一尺,与一般简牍的长度一致。汉乐府诗《饮马长城窟行》说:"客从远方来,遗我双鲤鱼,呼儿烹鲤鱼,中有尺素书。"[①] 这件帛书从长度来看,正是"尺素书"。帛书书写流畅,内容完整,上下端文字平齐,可见写信人对帛书的书写十分熟悉。帛书上有叠压浸洇的墨迹,并有折叠痕迹。仔细观察,会发现帛书写完后先纵向三折,而后横向二折,从而形成 1/32 大小的方块形。这样折叠,便于书信的封检、邮递和保存,是帛书的便捷之处。

建致中公夫人书(Ⅱ 90DXT0114 ③:610),写在一块黄色绢上,长 19、宽 4.8 厘米。竖行隶书,写有六行文字,边缘及中间略有残损。文书内容如下:

---

① [宋]郭茂倩《乐府诗集》,第 556 页。

建伏地请

中公夫人足下，劳苦临事善毋恙。建不肖奴□，赖中公恩泽，幸得待罪御史。顷阙希闻中公□

忽也。数属中公及子惠於敦煌大守何君，不敢忽忽。敦煌卒史奉太守书赐建，建问卒史，言中公顷

中公幸益长矣，子孙未有善，岁赐钱，率夫人日夜有以称太守功名行者，何患不得便哉。寒时□

慎察吏事，来者数赐记，使建奉闻中公所欲毋恙，建幸甚幸甚。谨因敦煌卒史

中公足下。·幸为建多请长卿、夫人、诸子及子惠诸弟妇、儿子、□谢强饭。·来者言长君、次公□□　Ⅱ 90DXT0114 ③:610

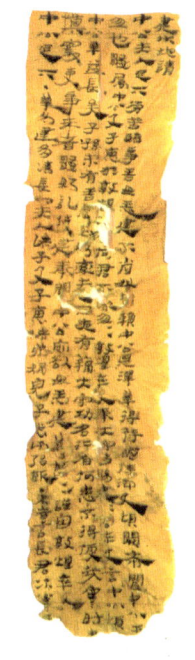

这份帛书是建写给中公夫人的书信。由于帛书中间有数字缺失，帛书下部也有缺损，个别语句不能连读，故书信内容比较费解。总体来看，这是在朝为官的建问候敦煌任职的中公及家人的书信，建任职侍御史，托中公及子惠于敦煌太守何君。敦煌太守府通过卒史给建送信，建因而得悉中公及家人的消息。建感谢中公给其子孙赐钱，知悉中公率夫人等日夜称敦煌太守功德，诸事应会顺利。建托敦煌卒史给中公写信，表达问候之意。

这件帛书虽有残缺，但也是汉代书牍的形象展示。帛书字体为草隶，书写洒脱率意，捺笔有意夸张，书法意趣浓厚。书信中展示了汉代的人际交往，也有重要认识价值。

建致中公夫人书

2. 悬泉置纸文书

我国四大发明之一的造纸术，史书归功于东汉的蔡伦。《后汉书·蔡伦传》："自古书契多编以竹简，其用缣帛者谓之纸。缣贵而简重，并不便于人。伦乃造意，用树肤、麻头及敝布、鱼网以为纸。元兴元年奏之，帝善其能，自是莫不从用焉，故天下咸称蔡侯纸。"① 史书记载蔡侯纸的时代为东汉和帝元兴元年（105），可是考古文物却反映出西汉时期已经有古纸出现。以甘肃出土纸张而论，1973年肩水金关出土过两件麻纸，依据伴出简牍和出土地层时代应是在西汉平帝以前。② 1979年敦煌马圈湾出土过5件麻纸，同探方出土简牍，时代有宣帝、元帝、平帝、王莽时期。③ 1986年，天水放马滩汉墓出土过纸地图，整理者认为时代在西汉初期。④ 因此在蔡伦造纸以前的西汉时期，已经有古纸在使用。

目前发现汉代古纸最多的地方是悬泉置遗址，总数量达到460余件。这些纸张的时代从武、昭帝始，经宣、元、成帝至东汉初年及晋代。⑤ 这些纸张主要用麻织物及很细的丝织物制作，一部分还经过了内部加填或表面涂料等工艺的处理。有的纸表面加有淀粉涂料，已属初级的加工纸范畴。⑥

---

① 《后汉书》卷78《宦者列传》，第2513页。

② 甘肃居延考古队《居延汉代遗址的发掘和新出土的简册文物》，《文物》1978年第1期。

③ 甘肃省文物考古研究所《敦煌马圈湾汉代烽燧遗址发掘报告》，甘肃省文物考古研究所编《敦煌汉简》，第63~64页。

④ 甘肃省文物考古研究所《天水放马滩秦简》，第131页。

⑤ 甘肃省文物考古研究所《甘肃敦煌汉代悬泉置遗址发掘简报》，《文物》2000年第5期。

⑥ 李晓岑、王辉、贺超海《甘肃悬泉置遗址出土古纸的时代及相关问题》，《自然科学史研究》2012年第3期。

因此悬泉置发现古纸不仅再次证明了西汉纸张的使用，而且有助于认知西汉古纸的制作。

但是纸张的出现并不代表纸就可运用于书写。一方面早期纸张大多比较粗糙，还不适于书写，另一方面早期纸张制作的用途也并不是为了书写。因此要认知纸张真正成为书写材料，需要写有文字，特别是写有文书的纸张为证，而悬泉古纸恰有这方面的证据。

悬泉古纸写有文字的纸张共有10件，其中汉纸9件。时代可分为三个时期，西汉武、昭帝时期3件，宣帝至成帝时4件，东汉初期2件。纸张上的文字已经证明古纸可用于书写。代表性纸张如西汉武、昭帝时期的三张纸，正面分别写有隶书"付子""薰力""细辛"（T0212④:1—3），①均为药名，根据纸的形状和折叠痕迹，应为包药用纸。可见早期古纸的用途是供包装之用，但已经可以用于书写。

纸张写有文书才可代表具备实用书写功能，悬泉古纸也有这样的标本。宣帝至成帝时期的一张纸，黄色间白，质细而薄，有韧性，表面光滑平整，写有草书文字两行："☐持书来☐致啬☐☐"（T0114③:609）。该纸虽然残碎，但是意义重要。从纸质来看，该纸细薄光滑，正可用于书写。纸上所写文字是草书，为西汉后期简牍文书常用字体。从所写文字内容来看，"持书来""致啬（夫）"也是边塞日用文书常见内容。因此该纸说明了西汉古纸不仅可以写字，还可以书写文书。这就证明了西汉古纸的确是有书写的功能。此外还有东汉初期的一张纸，上面写有"巨阳大利上缯皂五匹"（T0111①:469），内容是记物之用，属于文书的范畴，是东汉初期纸张用于书写的证明。

---

① 甘肃省文物考古研究所《甘肃敦煌汉代悬泉置遗址发掘简报》，《文物》2000年第5期。

西汉纸文书

因此悬泉置出土的纸张,对于研究古纸的形成和使用极为重要。悬泉置出土古纸数量众多,但写有文字的相对较少,可见西汉纸张书写只是萌芽时期。一些纸张上写有药名,反映了古纸的包装用途。但西汉后期已经出现了写有文书的光滑纸张,证明纸张已经具备了文字书写的功能,开启了纸张书写的先河。

3. 悬泉置墙壁题记

在悬泉置出土文物中,书写有文字的还有墙壁题记。在悬泉置F26、F27房址内,发现了一批写有文字的墙壁碎块。这些壁块大多为长期涂抹多次书写的多层墙壁题记,少部分为一次书写。经整理者复原,保存最好的是F26正壁的一块壁书,是新莽时期的诏令文书。该壁书长222、宽48厘米,用黑色宽线勾出边框,中间有朱色竖线分栏。壁书文字共101行,结尾有篇题"使者和仲所督察诏书四时月令五十条"。现录第1—20行释文如下:

太皇太后诏曰:往者阴阳不调,风雨不时,隋农自安,不堇作□,是以数被菑害,□□恻然伤之。惟圣帝明王,靡不躬天之历数,信执厥中,钦顺阴阳,敬授民时,力劝耕种以丰年谷,盖重百姓之命也。故建羲和,立四子,明时以成岁,致□熹也。其宜□岁,分行所部各如诏条。

元始五年五月甲子朔丁丑，和中普使下部郡太守，承书从事下当用者，如诏书，书到言。/从事史况。

敬授民时。曰：扬谷，咸趋南亩。

禁止伐木。·谓大小之木皆不得伐也，尽八月零落，乃得伐其当伐者。

毋摘巢。·谓剿空实皆不得摘也。空巢尽夏，实者四时常禁。

毋杀□虫。·谓幼少之虫、不为人害者也，尽九月。

毋杀孡。·谓禽兽、六畜怀妊有胎者也，尽十二月常禁。

·毋夭蜚鸟。·谓夭蜚鸟不得使长大也，尽十二月常禁。

·毋麑。·谓四足……及畜幼少未安者也，尽九月。

·毋卵。·谓蜚鸟及鸡□卵之属也，尽九月。

·毋聚大众。·谓聚民缮治也，尤急事若追索□捕盗贼之属也□下……

追捕盗贼，尽夏。其城郭宫室坏败尤其者，得缮补□。

·毋筑城郭。·谓毋筑起城郭也……三月得筑，从四月尽七月不得筑城郭。

·瘗骼埋胔。·骼谓鸟兽之□也，其有肉者为胔，尽夏。

·右孟春月令十一条。

该壁书一般称为"悬泉壁书月令诏条"。从壁书内容可以看出，该文书是汉平帝元始五年（5年）朝廷所下诏书。太皇太后下诏，因阴阳不调，风雨不时，因此要求遵从月令诏条，要各郡太守下达执行。诏条的主要内容是一年十二个月的月令条文，如孟春月令十一条，规定了在一月不可以做的各种事项。诏条的形式独特，首先是月令正文，而后是解释性的文字，如"禁止伐木"是月令条文，"·谓大小之木皆不得伐也，尽八月零落，乃

得伐其当伐者。"是解释说明禁止伐木的具体要求，以及禁止的具体时间。这种形式，其实和汉代经学的章句解读有相似之处。该诏条之所以颁发月令内容，一方面与王莽复古思想有关，另一方面是汉代执政者调和阴阳观念的反映。当然，在客观上月令诏条的颁布也起到了环境保护的作用。

该月令诏条的内容反映出汉平帝在位时的政治状况。诏书是以太皇太后的名义发出，而不是以皇帝名义发出，反映出平帝时的母后专政。诏书在月令诏条之后，还有"安汉公宰衡太傅大司马莽昧死言"的一段文字，显示出王莽专权的情况。西汉后期，外戚专权，特别是元后王政君四世为天下母，王氏五将十侯，权倾天下，最终王莽代汉，建立新朝。汉平帝元始五年的这封诏书，就是西汉末期政治形态的反映。

月令诏条在敦煌悬泉置出现，并不是偶然的现象，这与汉代宣告文书的公示制度有关。如《后汉书·百官志》记载："三老掌教化。凡有孝子顺孙，

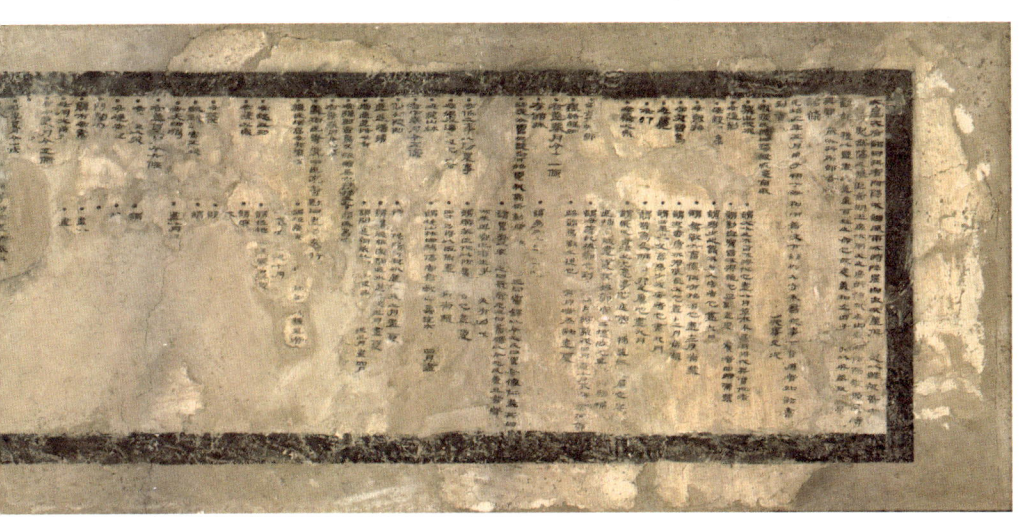

悬泉壁书四时月令诏条

贞女义妇，让财救患，及学士为民法式者，皆扁表其门，以兴善行。"① 所谓"扁表其门"，就是对民间善行的公文公示。汉简中对文书公示记载颇多，如悬泉汉简记载："五月壬辰，敦煌太守强、长史章、丞敞下使都护西域骑都尉、将田车师戊己校尉、部都尉、小府、官县，承书从事下当用者。书到，白大扁书乡亭市里高显处，令亡人命者尽知之，上赦者人数太守府，别之，如诏书。"（Ⅱ90DXT0115②:16）② 敦煌太守下文要将朝廷文书"大扁书乡亭市里显见处"，是要在显眼的地方运用扁书的形式公示，让相关人员都可以看到。悬泉置壁书的月令诏条，性质也是扁书的公示形式。

悬泉置发现的缣帛、纸张、墙壁上的文字，显示出汉代书写的多样形式。不过，缣帛价格较贵，不适于公文的广泛使用；纸张制作还比较粗糙，文字书写还是初试阶段；墙壁上的文字只能作为公示，无法传递交流；只

---

① [晋] 司马彪撰，[梁] 刘昭注补《后汉书志》第28《百官五》，第3624页。
② 胡平生、张德芳《敦煌悬泉汉简释粹》，第115页。

有简牍是最适宜广泛使用的文书载体。但是并不能由此而忽视其他物质的文字书写,正是由于缣帛比较昂贵,写在缣帛上的文献往往内容比较重要;尽管西汉纸张书写还是初始状态,但已经开启了后世纸张书写的先河;壁书虽然保存到现在的不多,但通过文献记载可知古代曾经广泛使用。悬泉置发现的多种文字书写形式,有助于理解汉代文化传播的多样形态。

——武威汉简
中原文化的传播

武威位于河西走廊东部，南依祁连山，北邻腾格里沙漠。祁连山的雪水培育了丰茂的绿洲，自古就是游牧民族生活的沃土。西汉初期，武威为匈奴休屠王游牧地域。汉武帝元狩二年（前121）霍去病出师河西后，武威归属汉朝管辖。随着武威郡县设立，汉朝行政礼仪制度相继实施，武威成为河西地区接受和传播中原文化的先行之地。武威汉简多发现于墓葬之中，内容以典籍为主，涉及经学、医方、律令等多个方面，与敦煌、张掖等地出土简牍有鲜明区别，更具中原文化特色。

一、《仪礼》简与儒家文化的传播

早期甘肃出土汉简内容主要是屯戍汉简,而武威《仪礼》简的出现丰富了甘肃简牍文化的内涵,也反映出两汉时期儒家文化在河西的传授状态。

1.《仪礼》简的发现与整理

武威《仪礼》简,1959年出土于武威县新华乡磨咀子6号汉墓。磨咀子汉墓群位于武威城南十一公里的祁连山麓杂木河西岸,为凸出的黄土台地,东西长约300米,南北宽约200米。1957年甘肃省博物馆在此清理了五座汉墓,出土了漆器、木俑、毛笔、铭旌等文物。1959年,又清理了6号汉墓,出土汉简480枚。其中《仪礼》简469枚,可分为甲、乙、

磨咀子遗址

丙三种版本。甲本七篇,为《士相见之礼》第三、《服传》第八、《特牲》第十、《少牢》第十一、《有司》第十二、《燕礼》第十三、《泰射》第十四,共398简。乙本一篇,是《服传》第八,存37简。丙本一篇,是《丧服》,存34简。此外还有11枚短简,为日忌杂占之类。

武威《仪礼》简是新中国成立以来典籍简的首次重大发现,简牍出土以后引起了广泛关注。1959年《文物》第10期《武威县发现大批汉简》首先对此做了简要介绍。① 甘肃省博物馆《甘肃武威磨咀子6号汉墓》详细介绍了墓葬结构、随葬器物特别是木简的出土情况。② 甘肃省博物馆《武威汉简在学术上的贡献》对武威汉简的经学价值和简册制度做了论述。③

武威《仪礼》简的释文报告由著名历史学家、简牍学家陈梦家负责整理完成。甘肃省博物馆、中国科学院考古研究所编著《武威汉简》由文物出版社于1964年出版。该著详细介绍了武威磨咀子6号汉墓的清理情况,考证了简本《仪礼》在汉代经学史上的地位,著录了释文、摹本与图版。《武威汉简》的整理,不仅揭示了简本《仪礼》的学术价值,而且探讨了汉代简册制度,是简牍整理的典范性成果。

武威《仪礼》简刊布以后,学术界开展了广泛校理研究。沈文倬《〈礼〉汉简异文释》对武威《仪礼》简详细校释,结合传世文献对《仪礼》简的异文校诂考证,阐述简本文献价值。④ 初师宾主编的《中国简牍集成》第

---

① 甘肃省博物馆《武威县发现大批汉简》,《文物》1959年第10期,第85页。
② 甘肃省博物馆《甘肃武威磨咀子6号汉墓》,《考古》1960年第5期。
③ 甘肃省博物馆《武威汉简在学术上的贡献》,《考古》1960年第8期。
④ 沈文倬《〈礼〉汉简异文释(一)》,《文史》第33辑,中华书局,1990年。沈文倬《〈礼〉汉简异文释(二)》,《文史》第34辑,中华书局,1992年。沈文倬《〈礼〉汉简异文释(三)》,《文史》第35辑,中华书局,1992年。沈文倬《〈礼〉汉简异文释(四)》,《文史》第36辑,中华书局,1992年。

四册对《仪礼》简标点整理,并有简明注解,由吴礽骧整理完成。近年来,张焕君、刁小龙新著《武威汉简〈仪礼〉整理与研究》对武威《仪礼》简逐篇集释注解,①并收录了相关研究论著,是武威《仪礼》简整理研究的一部重要著作。

2.《仪礼》简的经学价值

武威《仪礼》简是汉代典籍的一次重要发现,对于汉代礼学传承、经学教授以及典籍制度的研究都有重要意义。

首先,武威《仪礼》简是汉代经学发展的产物。《仪礼》简的内容,根据形制可分为甲、乙、丙三种。其中甲种最为丰富,存文七篇,可与今本《仪礼》相对照。而乙本《服传》、丙本《丧服》又与甲本《服传》内容相关,可以探讨汉代《仪礼》的文本异同。

汉代礼学的传承,《史记·儒林列传》说:"礼固自孔子时而其经不具,及至秦焚书,书散亡益多,于今独有《士礼》,高堂生能言之。"② 所谓《士礼》,正是指《仪礼》而言。汉代治礼起了关键作用的人物是后仓,《汉书·儒林传》说:"仓说《礼》数万言,号曰《后氏曲台记》,授沛闻人通汉子方、梁戴德延君、戴圣次君、沛庆普孝公。孝公为东平太傅。德号大戴,为信都太傅;圣号小戴,以博士论石渠,至九江太守。由是《礼》有大戴、小戴、庆氏之学。"③ 汉代《仪礼》所形成的大戴、小戴、庆氏之学,正是《仪礼》的重要流派。到了东汉,郑玄杂今古文给《仪礼》作注,现在所传的经唐代贾公彦疏而纳入十三经本的《仪礼》就是郑玄注解的文本。

---

① 张焕君、刁小龙《武威汉简〈仪礼〉整理与研究》,武汉大学出版社,2009年。
②《史记》卷121《儒林列传》,第3126页。
③《汉书》卷88《儒林传》,第3615页。

武威《仪礼》简

武威《仪礼》简的内容，总体上与传本《仪礼》一致，但是在篇次、篇名、内容上还有诸多不同。由于简本《仪礼》标注了篇次，就可与传本相对照。例如简本第八篇是《服传》，据郑玄"三礼目录"，[①]大戴礼第八是《少牢》，小戴礼第八是《士虞》，刘向别录本第八是《聘礼》，都有所不同。因此可知简本既不是今文经学的大、小戴本，也不是古文别录本。不过总体来看，简本篇次上更近于小戴本。在篇名上，简本与今本也有些不同。今本《士相见礼》，简本作《士相见之礼》。今本《丧服》，简本作《服传》。今本《大射》，简本作《泰射》。从内容来看，简本的甲、乙《服传》和今本有很大的出入，即使其他内容基本相似的篇目，在具体语句上也还是有诸多不同。基于以上认知，整理者认为简本《仪礼》可能是汉代立于学官的庆普本。

其次，武威《仪礼》简的发现还有助于认知汉代经学教授状态。《仪礼》简出土于磨咀子6号汉墓，判断墓主人的时代，有两个重要依据，一是墓中出土日忌简有纪年："河平□年四月三日诸文学弟子出谷五千余斛。"[②] 河

---

① [清]阮元《十三经注疏》，中华书局，1980年，第945页。
② 甘肃省博物馆、中国科学院考古研究所《武威汉简》，文物出版社，1964年，第136页。

平（前28-25）是汉成帝年号，时当西汉后期。"诸文学弟子"，是汉代经学传承的体现。汉代所谓文学，是指经学而言。《汉书·匡衡传》："衡射策甲科，以不应令除为太常掌故，调补平原文学。"① 匡衡任过平原郡文学，"经学精习，说有师道。"《汉书·王尊传》："事师郡文学官，治《尚书》《论语》，略通大义。"② 文学也是指经学而言。简文中的"诸文学弟子"，即指从事经学教授学习的人员。《汉书·文翁传》说："又修起学官于成都市中，招下县子弟以为学官弟子……至武帝时，乃令天下郡国皆立学校官，自文翁为之始云。"③ 这类郡县的文学弟子在汉代经学教授传承中发挥了重要作用。该墓时代的第二个依据是墓中发现了王莽"大泉五十"的货币，则该墓下葬时代不能早于新莽时期。综合这些信息，由于该墓出土的文献为经学《仪礼》材料，是"诸文学弟子"经学授习的内容，假若河平年间墓主人为三十岁左右，到新莽时六、七十岁而卒，以《仪礼》经书陪葬，是汉代经学在郡县传授的反映。

再次，《仪礼》简对于认识汉代典籍文献的存在状态也有重要意义。武威《仪礼》简，甲种内容最为丰富，简长55.5~56.0厘米。汉代一尺长23.1厘米，则简长为汉制二尺四寸。《后汉书·曹褒传》记载曹褒受汉章帝敕令："撰次天子至于庶人冠婚吉凶终始制度，以为百五十篇，写以二尺四寸简。"④ 又后汉经学家周磐年老遗嘱："编二尺四寸简，写《尧典》一篇，并刀笔各一，以置棺前，示不忘圣道。"⑤《论衡·谢短篇》："二尺四寸，圣

---

① 《汉书》卷81《匡衡传》，第3331页。
② 《汉书》卷76《王尊传》，第3227页。
③ 《汉书》卷89《文翁传》，第3626页。
④ 《后汉书》卷35《曹褒传》，第1203页。
⑤ 《后汉书》卷39《周磐传》，第1311页。

人文语。朝夕讲习，义类所及，故可务知。"① 这些文献都反映出汉代抄写经书二尺四寸之制，与简本正相合。《仪礼》简的简册编绳，丙本竹简运用五道编，第一、五编在天头下、地脚上，第三编居中。甲、乙本木简运用四道编，第一、四编在天头下、地脚上，第二、三编均分置于中间。乙种木简还在编绳处用刀刻以小三角形契口，以防编绳移动。这种简牍编联形制，反映了汉代的"册"书形制。简册中单简的次序，下部多有顺序编号，以防混乱。简册的篇题写于册书首起数简的简背，如甲种"士相见之礼"的篇题写于第二简背，篇次"第三"写在第三简背。如果将简册从左侧卷起，篇题正居于卷外，形成"士相见之礼第三"的篇题，是汉代简册的成卷状态。现存出土简册，往往是开篇数简保存较差，而最后数简保存较好，其原因正是简册成卷时从尾至首，尾部在内，首部在外，与篇题位置相一致。武威《仪礼》简的这些形制状态，为认识汉代书籍制度提供了标本。

---

① 黄晖《论衡校释》，第557页。

二、王杖制度与汉代养老

武威磨咀子汉代墓葬群,不仅出土了《仪礼》简,还以王杖十简和王杖诏书令简册闻名于世,是汉代尊老政策在河西实施的见证。

1. 王杖十简

王杖十简,1959 年出土于武威县磨咀子 18 号汉墓。简共 10 枚,松木,长 23、宽 1 厘米,有三道编绳痕迹。简文用规范隶书写成,内容是汉代尊礼老者的规定。第 1—2 简为西汉成帝建始二年(前 31)诏书,第 3—8 简是引述兰台令对具体案例的审理,第 9 简为东汉永平十五年(72)一位名叫幼伯的老人受王杖的记载,第 10 简为检署。简文内容如下:

制诏御史曰:年七十受王杖者比六百石,入官廷不趋,犯罪耐以上毋二尺告劾,有敢征召侵辱　1

·者比大逆不道。建始二年九月甲辰下　2

制诏丞相、御史:高皇帝以来至本二年,胜甚哀老小,高年受王杖,上有鸠,使百姓望见之　3

·比於节。有敢妄骂詈殴之者比逆不道,得出入官府郎第,行驰

道旁道，市卖复毋所与　4

　　·如山东复，有旁人养谨者，常养扶持，复除之，明在兰台石室之中。
王杖不鲜明　5

　　·得更缮治之。河平元年，汝南西陵县昌里先年七十受王杖，颎
部游徼吴赏使从者　6

　　·殴击先，用诉地大守，上谳廷尉报，罪名　7

　　·明白，赏当弃市　8

孝平皇帝元始五年幼伯生，永平十五年受王杖　9

　　·兰台令第卅三、御史令第卌三、尚书令灭受在金　10

　　1960年，甘肃省博物馆《甘肃武威磨咀子汉墓发掘》首先刊登了王杖十简的照片和摹本。① 中国社科院考古所编辑室据此撰写了《武威磨咀子汉墓出土王杖十简释文》，并有初步考释。② 由于王杖十简内容重要，引起了学术界的广泛关注。1961年，陈直《武威磨咀子汉墓出土王杖十简通考》对简文内容细作新考，并对简文排序提出了自己的看法。③ 武伯伦《关于马镫问题及武威汉代鸠杖诏令木简》考察了王杖诏书的结构形态。④ 之后，《武威汉简》一书收录了王杖十简内容，释文重新排序。此后，郭沫若《武

---

① 甘肃省博物馆《甘肃武威磨咀子汉墓发掘》，《考古》1960年第9期，第15~28页。

② 考古所编辑室《武威磨咀子汉墓出土王杖十简释文》，《考古》1960年第9期，第29~30页。

③ 陈直《武威磨咀子汉墓出土王杖十简通考》，《考古》1961年第3期，第160~162页。

④ 武伯伦《关于马镫问题及武威汉代鸠杖诏令木简》，《考古》1961年第3期，第163~165页。

威"王杖十简"商兑》提出了新的见解,[1]并研究了王杖诏令的执行情况。总体来看,王杖十简的内容大体上分为数道诏书,基本内容清晰,郝树声先生《武威"王杖"简新考》分析了诸家之说,[2]认为诏书总体上可以分为独立的四个部分,简文的排序并不影响简文内容的理解。

2. 王杖诏书令

王杖诏书令,1981年武威县文物管理委员会从新华公社缠山村村民袁德礼处采集,应和王杖十简一样,同出于磨咀子汉墓群。

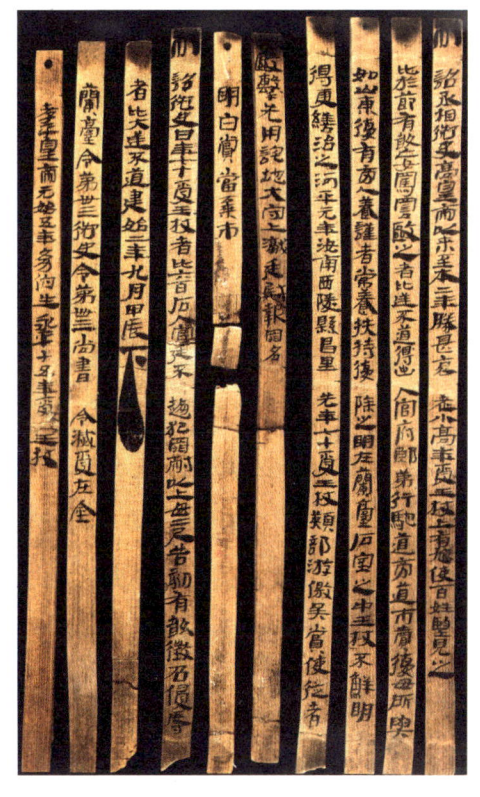

王杖十简

王杖诏书令共26枚,简长23.2~23.7厘米,宽0.9~1.1厘米。原简背面有编号,第一至第廿七,第十五简已缺佚。简上有两道编绳痕迹,分别在简的1/3与2/3处。简上文字为隶书,内容包括兰台令第卌二(简1—3),成帝建始元年(前32)诏书(简4—6),高年赐鸠杖的法律内容和一件具体案例(简7—11),元延三年(前10)诏书(简12—19),兰台令第卌三(简20—21),因殴辱

---

[1] 郭沫若《武威"王杖十简"商兑》,《考古学报》1965年第2期。
[2] 郝树声《武威"王杖"简新考》,西北师范大学历史系、甘肃省文物考古研究所编《简牍学研究》第四辑,甘肃人民出版社,2004年,第105~116页。

受王杖者而被判弃市的四个案例（简20—26），诏书令册的篇题（简27）。简文内容如下：

  制诏御史：年七十以上，人所尊敬也，非首、杀伤人，毋告劾，它毋所坐。年八十以上，生日久乎？年六十以上，毋子男为鲲，女子年六十以上，毋子男为寡，贾市毋租，比山东复。复人有养谨者扶持，明著令。兰台令第册二　1—3

  ·孤、独、盲、珠孺，不属律人，吏毋得擅征召，狱讼毋得毄。布告天下，使明知朕意。夫妻俱毋子男为独寡，田毋租，市毋赋，与归义同；沽酒醪列肆。尚书令臣咸再拜受诏。建始元年九月甲辰下。　4—6

  ·汝南太守谳廷尉，吏有殴辱受王杖主者，罪名明白。制曰：谳何，应论弃市。云阳白水亭长张熬，坐殴拽受王杖主，使治道。男子王汤告之，即弃市。高皇帝以来至本始二年，朕甚哀怜耆老。高年赐王杖，上有鸠，使百姓望见之，比於节；吏民有敢骂殴詈辱者，逆不道；得出入官府节第，行驰道中；列肆贾市，毋租，比山东复。　7—11

  长安敬上里公乘臣广昧死上书皇帝陛下：臣广知陛下神零，覆盖万民，哀怜老小，受王杖，承诏。臣广未常有罪耐司寇以上。广对乡吏趣未辨，广对质，衣疆吏前。乡吏……下，不敬父母所致也，郡国易然。臣广愿归王杖，没入

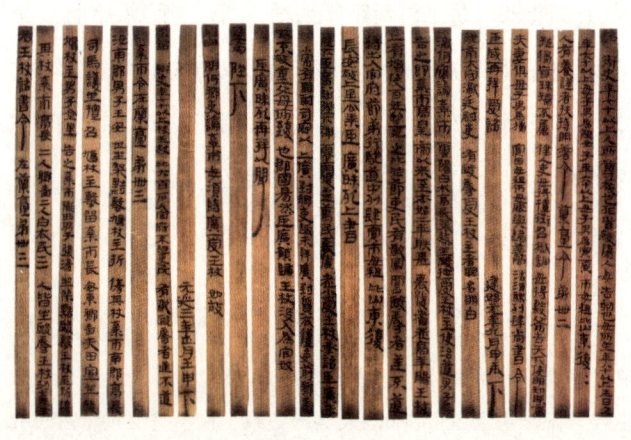

王杖诏书令

为官奴。臣广昧死再拜以闻皇帝陛下。制曰：问何乡吏，论弃市，毋须时；广受王杖如故。元延三年正月壬申下。　12—19

制诏御史：年七十以上杖王杖，比六百石，入官府不趋，吏民有敢殴辱者，逆不道，弃市。令兰台第卌三。　20—21

汝南郡男子王安世，坐桀黠，击鸠杖主，折伤其杖。弃市。南郡亭长司马护，坐擅召鸠杖主，系留，弃市。长安东乡啬夫田宣，坐殹鸠杖主，男子金里告之，弃市。陇西男子张汤，坐桀黠、殴殹王杖主，折伤其杖，弃市。亭长二人，乡啬二人，白衣民三人，皆坐殴辱王杖功，弃市。　23—26

右王杖诏书令在兰台卌三　27

王杖诏书令的内容，1984年武威县博物馆《武威新出土王杖诏令册》发表于《汉简研究文集》，①介绍了汉简发现的情况，以及正背面图版和释文，并对简文详细考释。因为王杖诏书令的简背有次序编号，因此不存在册书先后排列问题。

3. 王杖制度与汉代养老

王杖十简与王杖诏书令，是汉代尊老政策的重要法律文献，对于研究汉代尊老制度具有重要意义。

首先，汉代执政者重视对老年人的尊重与关怀，多次发布尊敬老年人的诏令。汉高祖初即位，尚在和项羽争夺天下之际，就发布了尊老的诏令。

---

① 武威县博物馆《武威新出土王杖诏令册》，甘肃省文物工作队、甘肃省博物馆编《汉简研究文集》，第34~61页。

高祖二年（前205）二月诏书："举民年五十以上，有修行，能帅众为善，置以为三老，乡一人。择乡三老一人为县三老，与县令、丞、尉以事相教，复勿徭戍。以十月赐酒肉。"①三老的选择以年五十为限，有修养德行且能率众为善，给予免除徭役赋税的优待，且以十月赐给酒肉。

汉文帝即位之初，也发布尊老法令。前元年（前179）三月，"诏曰：'老者非帛不暖，非肉不饱。今岁首，不时使人存问长老，又无布帛酒肉之赐，将何以佐天下子孙孝养其亲？今闻吏禀当受鬻者，或以陈粟，岂称养老之意哉！具为令。'有司请令县道，年八十已上，赐米人月一石，肉二十斤，酒五斗。其九十已上，又赐帛人二匹，絮三斤。赐物及当禀鬻米者，长吏阅视，丞若尉致。不满九十，啬夫、令史致。二千石遣都吏循行，不称者督之。"②这是尊敬老者的法令文书，以年八十为限，赐给米、肉、酒等物。年九十以上者，又赐给帛、絮等物。汉文帝的尊老政策，对象更加广泛，政策也更为公平。"具为令"，则将养老政策法律化，后世亦可遵照执行。

王杖十简引用了汉成帝建始二年（前31）的诏书："年七十受王杖者比六百石，入官廷不趋，犯罪耐以上毋二尺告劾，有敢徵召、侵辱者比大逆不道。"此诏书为史书不载，但意义重要。诏书将尊老的年龄确定为七十，受惠人数更广。诏书规定年七十者授予王杖，享有入官廷不趋、耐罪以上减免刑罚的优待，如有人征召和侵辱，要比大逆不道处罚，也是从法律上确认了对老年的尊敬。

从以上三封诏书可以看出，从汉高祖尊敬三老政策的实施，经文帝对年老八十、九十者的赏赐，到成帝时给年七十者授予王杖的优待，汉朝对

---

① 《汉书》卷1《高祖纪》，第33~34页。
② 《汉书》卷4《文帝纪》，第113页。

老年人的关怀政策不断细化,形成了良好的尊老风范。

其次,赐杖制度是尊敬老年人的重要措施。赐杖制度起于先秦,表示对有功劳者的尊敬。《周礼·秋官·伊耆氏》:"掌国之大祭祀,共其杖咸。军旅,授有爵者杖。共王之齿杖。"郑玄注:"王之所以赐老者之杖。"① 可见年老赐杖是先秦礼俗。《礼记·王制》述古代养老之制,说:"五十杖于家,六十杖于乡,七十杖于国,八十杖于朝;九十者,天子欲有问焉,则就其室,以珍从。"② 也可见赐杖是古代尊老制度。

到了汉代,赐杖有了更具体的标志,那就是王杖制度的实施。汉朝赐予王杖,有一定的程序和规范。《续汉书·礼仪志》记载:"仲秋之月,县道皆案户比民。年始七十者,授之以王杖,餔之糜粥。八十、九十,礼有加赐。"③ 首先从受杖者的年龄来讲,"年七十者,授之以王杖。"可见年七十是授予王杖的年龄,与王杖十简记载"年七十受王杖"相符合。其次从受王杖的时间来看,《续汉书志》记载是仲秋之月,亦即八月。王杖十简记载建始二年诏令下发时间是在九月,可见秋季是授予王杖的时间。《后汉书·章帝纪》章和元年(87)七月诏书说:"秋,令是月养衰老,授几杖,行糜粥饮食。其赐高年二人共布帛各一匹,以为醴酪。"④《后汉书·安帝纪》元初四年(117)七月诏书说:"又《月令》'仲秋养衰老,授几杖,行糜粥'。方今案比之时,郡、县多不奉行。虽有糜粥,糠秕相半,长吏怠事,莫有躬亲,甚违诏书养老之意。其务崇仁恕,赈护寡独,称朕意焉。"⑤ 这些诏令文书反映出东汉仍实施秋季授王杖的制度。再次,从王杖的形制来看,《续汉书·礼仪志》记载:"王杖

---

① [汉]郑玄注,[唐]贾公彦疏《周礼注疏》,第991~992页。
② [汉]郑玄注,[唐]孔颖达疏《礼记正义》,北京大学出版社,1999年,第423页。
③ [晋]司马彪撰,[梁]刘昭注补《后汉书志》第5《礼仪》,第3124页。
④ [宋]范晔《后汉书》卷3《章帝纪》,第157页。
⑤ [宋]范晔《后汉书》卷5《安帝纪》,第227页。

武威磨咀子发现的彩绘木鸠杖

长九尺,端以鸠鸟为饰。鸠者,不噎之鸟也。欲老人不噎。"① 武威磨咀子 18 号汉墓,王杖十简发现时正缠于鸠杖之上。鸠杖长 1.94 米,合汉尺 8.39 尺。"鸠杖竿端以母卯镶一木鸠,平置棺盖上,有鸠一端向棺首伸出。"② 出土文物印证了史书关于鸠杖的记载,而鸠杖实物的发现,也进一步证明了汉代尊老政策的认真实施。

再次,简册明确记载了受王杖老人所拥有的权益,以及欺侮受王杖老人应受的惩罚。

王杖诏令册记载了"兰台令第卌二",说:"制诏御史:年七十以上,人所尊敬也,非首、杀伤人,毋告劾,它毋所坐。年八十以上,生日久乎?年六十以上,毋子男为鳏,女子年六十以上,毋子男为寡,贾市毋租,比山东复。复人有养谨者扶持,明著令。"(简1—3)这份令文规定了老人如果不是杀伤人主犯,可以不告劾。年六十以上无子男的老人,市场交易可以免除租税。如有人赡养老人,赡养者的赋税可以免除。可见汉代对于年老者在法律及经济生活上给予了一定优待。王杖诏书令记载"兰台令第卌三",说:"制诏御史,年七十以上杖王杖,比六百石,入官府不趋。"这条令文,在王杖十简中也有相似的记载,说明受王杖老人所享有的优待,即入官府不必疾行,这是古代朝廷敬人的礼遇。《史记·萧相国世家》:"于是

---

① [晋]司马彪撰,[梁]刘昭注补《后汉书志》第5《礼仪》,第3124页。
② 甘肃省博物馆《甘肃武威磨咀子汉墓发掘》,《考古》1960年第5期。

乃令何第一,赐带剑履上殿,入朝不趋。"①"入官府不趋"也是对老者的尊敬。

王杖十简与王杖诏书令还规定了对不尊重持王杖者的处罚。如王杖十简说:"有敢征召侮辱者比大逆不道。"王杖诏令册说:"民有敢殴辱者,逆不道弃市。"就是要对侮辱持王杖老人者以大逆不道罪处死,可见汉朝对不尊老者处罚的严格。王杖十简与王杖诏书令记载的不少案例,都是以律令形式说明对侮辱受王杖者的处罚。

王杖十简记载了一个案例:河平元年,汝南郡西陵县昌里名叫先的老人,年七十受了王杖。当地游徼吴赏使从者殴打先,案件上报到郡太守和廷尉府,最终定罪,吴赏罪名明白,应当弃市。

王杖诏书令记载了多个案例:云阳白水亭长张熬,因殴击受王杖老人,使老人修治道路,男子王汤上告,张熬被弃市。长安敬上里受王杖老人广未犯有耐司寇以上罪刑,而被乡吏征召对质,乡吏被论弃市。汝南郡男子王安世,因殴击受王杖的老人,折伤王杖,被弃市。南郡亭长司马护,因擅自征召受王杖的老人,拘留老人,被弃市。长安东乡啬夫田宣、陇西男子张汤因殴击持鸠杖老人而被弃市。

通过上面的案例可以看出,汉代对年七十受王杖老人的权益给予了切实保护,凡是有殴打、拘系受王杖的老人,都受到了弃市的处罚,与律令规定相一致,是汉代尊老政策执行的证明。

因此,武威磨咀子汉墓王杖诏书令和王杖实物一起出土,证明了汉代王杖制度的施行。王杖简中关于优待年老受王杖者的诏书、法令和案例,也证明了汉代尊老政策得到了严格实施,是后世认识汉代养老制度的重要文献。

---

① 《史记》卷53《萧相国世家》,第2016页。

三、武威医简的医学价值

我国古代医学典籍丰富,既有理论性的《黄帝内经》,也有病例性的《史记·扁鹊仓公列传》等文献。不过在民间,更受欢迎的还是对症治疗的医方。简帛文献中的医方不少,如马王堆帛书《五十二病方》,成都老官山汉代医简《六十病方》等。在武威旱滩坡汉墓出土的"治百病方",内容丰富,体现了汉代西北地区的医学成就。

1. 武威医简的发现与整理

武威医简,1972年11月出土于武威县柏树公社下五畦大队旱滩坡东汉墓葬。共有木简78枚,木牍14枚,总92枚。木简长23厘米左右,为汉代一尺。宽度有两种,一种宽1厘米(1—41),一类宽0.5厘米(42—78)。木简曾编绳三道,先编后写,编绳处留有空白。木牍14枚,长22.7~23.9厘米,宽1~4厘米不等,两面

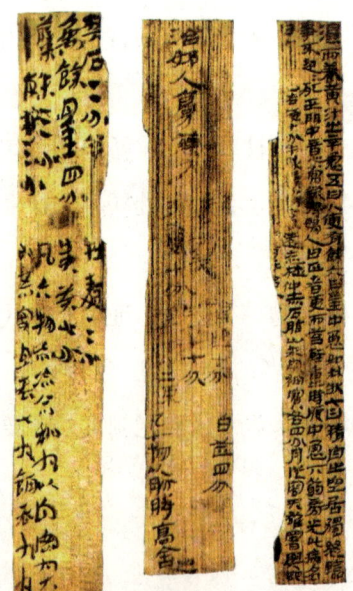

武威医简木牍

书写文字，每面行数不等，一般为两行，但也有多至六行者。简牍文字多用隶书，间有章草，书写流畅。

武威医简出土以后，甘肃省博物馆、武威县文化馆合编《武威汉代医简》，① 著录了简牍的图版、摹本、释文、注释，以及简牍发现和整理情况。后附中医研究院医史文献研究室撰写的《武威汉代医药简牍在医学史上的重要意义》，介绍了武威医简在临床医学、药物学、针灸学等方面的成就。

武威医简发现以后，引起了医学工作者重视。甘肃中医研究院张延昌与朱建平合著《武威汉代医简研究》，② 集中阐释了武威医简的医学价值。张延昌主编的《武威汉代医简注解》对简文做了详细的注释说明，并论述了武威医简在医药学史上的成就。③

2001年，《中国简牍集成》第四册甘肃卷部分对武威医简也有收录，对简文校释标点和注解，由吴礽骧整理完成。

2. 武威医简的医学成就

武威医简的内容，总体上是医方性质的文献，其医学成就涉及临床医学、药物学、针灸学等多个方面。

首先，在临床医学上，武威医简对多种病状进行了描述，并记载了三十多个对症方剂。涉及内科如"治久咳上气喉中如百虫鸣状卅岁以上方""治伤寒逐风方"，外科如"治金创止痛方""治狗啮人创痛方"，五官科如"治目痛方"，妇科如"治妇人膏药方"，男科如"白水侯所奏治男子有七疾方"等，内容十分广泛。其中一简写有"右治百病方"，很可能是篇题，

---

① 甘肃省博物馆、武威县文化馆合编《武威汉代医简》，文物出版社，1975年。
② 张延昌、朱建平《武威汉代医简研究》，原子能出版社，1996年。
③ 张延昌主编《武威汉代医简注解》，中医古籍出版社，2006年。

反映出武威医简以医方为主的内容特点。

  治久咳上气喉中如百虫鸣状卅岁以上方：茈胡、桔根、蜀椒各二分，桂、乌喙、姜各一分，凡六物，冶合和丸，以白蜜大如樱桃，昼夜含三丸，咽其汁，甚良　3—5

  治目痛方：以春三月上旬治药，曾青四两，戎盐三两，皆冶合，以乳汁合，盛以铜器，以敷目，良　16

以上两个医方，对于方剂名称及病状、药物名称、分量、冶合方法、服药方法、药效等都有记载，至今仍有临床参考价值。

其次，在药物学上，武威医简列举了一百多种药物，计有植物药63种，动物药12种，矿物药16种，其他药物9种。[①] 简文对各类药物的炮制剂型和用药方法有具体记载。

  治百病膏药方：蜀椒一升，附子廿颗，皆咬咀，猪肪三斤，煎之，五沸，浚去滓。有病者，取大如羊矢，温酒饮之，日三四。与滓捣之，丸大如赤豆，心寒气胁下痛，吞五丸，日三吞　17—18

这个医方，记载植物药有蜀椒、付子，动物药有猪肪。治药方法，有咬咀，是将药物以口咬细如麻豆大小。有煎，将药物用水煮熬。有浚去滓，将药物过滤去掉渣滓。药物的大小，或大如羊矢，或大如赤豆。饮药的方法，有温酒饮之等。因此，这些医方中的药物名称及其加工制作方式、饮药方法，

---

① 中医研究院医史文献研究室《武威汉代医药简牍在医学史上的重要意义》，《文物》1973年第12期。

都是认识汉代医药学成就的重要资料。

再次，医简中有一个记载针灸的简册，内容十分详细。

憿愈出箴刀。寒气在胃莞，腹憿、肠……□□□□留箴，病者呼四、五十，乃出箴。次刺膝下五寸分间，荣深三分，留箴如炊一升米，顷出箴，名曰三里。次刺项，从上下十一椎，夹椎两刺，荣深四分，留箴百廿息，乃出箴，名曰肺输。刺后三日，病愈平复。黄帝治病神魂忌：人生一岁，毋灸心，十日而死。人生二岁，毋灸腹，五日而死。人生三岁，毋灸背，廿日死。人生四岁，毋灸头，三日而死。人生五岁，毋灸足，六日而死。人生六岁，毋灸手，二日死。人生七日，毋灸胫，卅日而死。人生八岁，毋灸肩，九日而死。人……者与五岁同。六十至七十者，与六岁同。七十至八十者，与七岁同。八十至九十者，与八岁同。九十至百岁者，与九岁同。年已过百岁者，不可灸刺。气脉壹绝，灸刺者，随岁灸死矣。独　19—25

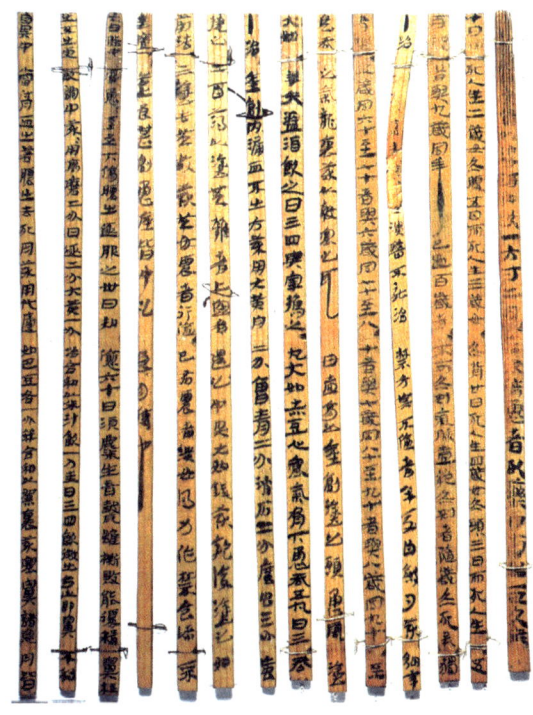

武威医简

以上数枚汉简，记载了患病症状不同时采用的相应针灸方法，涉及针灸的具体位置、留针方法、针灸效果以及针灸禁忌等内容。特别是简文记载的三里、肺输等穴位，反映出汉代针灸学已有很高的成就。

　　武威医简在疾病治疗上包含着辨证施治的法则。药方中有一个"治伤逐风方"和一个"七伤方"，都记载了对伤寒的治疗。但前者所治是一般感受风寒、骨节烦痛的疾病，使用的是蜀椒、附子等温热散寒的药物。后者则属神经性衰弱的一类疾病，所以用苁蓉、杜仲、续断等补肾的药物治疗。寒者温之，虚者补之，是辨证施治的具体运用。又如简文记载的"久泄肠辟方"，特意指出"多血加桂二分，多脓加石脂二分"，这是根据症状的不同而调整用药分量的方法，也是辨证施治的具体运用。

四、武威墓葬出土律令简牍与遣册文书

武威出土简牍，除了《仪礼》简、王杖简与医简外，还有一些墓葬出土的律令简牍与遣册文书，也具有重要史料价值。

1. 旱滩坡东汉律令简牍

武威柏树乡旱滩坡墓群出土过多批简牍，除了1972年发现的医药简外，1989年还发现了东汉律令简牍。简牍是武威地区博物馆在文物普查时发现的，发现时墓葬已暴露。经清理墓内存有木简一束，置于棺盖上面。鸠杖一件，置于棺的前部。木简共16枚，松木材质，下部多有残缺，宽度一厘米左右，两道编绳痕迹，单行墨书隶体，书法精美。

旱滩坡律令简牍数量虽少，且多有残缺，但是内容重要，是认识东汉早期律令制度与社会治理的重要文献。

首先，简牍中有一枚纪年简，说："建武十九年正月十四日己亥下。"[①] 可知这批律令简的时代为东汉光武帝刘秀执政时期，公元43年。更始时

---

① 李均明、刘军《武威旱滩坡出土汉简考述——兼论"挈令"》，《文物》1993年第10期。

期，河西为窦融所掌控，建武三年（27），窦融尊汉正朔。建武十二年（36），窦融入朝，任冀州牧、大司马。刘秀派任延为武威太守，治理有效。"河西旧少雨泽，乃为置水官吏，修理沟渠，皆蒙其利。又造立校官，自掾史子孙，皆令诣学受业，复其徭役。章句既通，悉显拔荣进之，郡遂有儒雅之士。"① 旱滩坡律令简就出现在这样的时代。简牍中有王杖诏令的抄文，说："制诏御史，奏年七十以上，比吏六百石，出入官府不趋，毋二尺告劾，吏擅征召……"内容与王杖十简及王杖诏书令相似。同时墓葬中又有王杖出土，可见赐杖制度在东汉初年的施行。律令文书的正常下达，反映出东汉建武时期对武威郡的有效管辖。

其次，汉简中关于度田事件的记载，是东汉社会治理的体现。简文说："乡吏常以五月度田，七月举畜害，匿田三亩以上，坐……"简文记载了"常以五月度田"，是东汉初期度田政策的实施。《后汉书·光武帝纪》建武十五年（39）："诏下州郡检核垦田顷亩及户口年纪，又考实二千石长吏阿枉不平者。"② 汉代土地兼并问题严重，光武帝通过度田来限制豪强势力，增加国家税收，但度田政策触动权贵官僚既得权益，光武帝对执行不力者严惩不贷。建武十五年（39）"冬十一月甲戌，大司徒欧阳歙入狱死。"③ 建武十六年（40），"秋九月，河南尹张伋及诸郡守十余人，坐度田不实，皆下狱死。"④ 可见光武帝对度田推动力度之大。简文正从细节上对度田政策有所说明。一是度田的时间，常以五月度田。五月农作物正在生长，易于核实田地归属。二是对于度田不实的处罚，隐匿土地三亩以上，就要坐罪。

---

① [宋] 范晔《后汉书》卷76《任延传》，第2463页。
② [宋] 范晔《后汉书》卷1《光武帝纪》，第66页。
③ [宋] 范晔《后汉书》卷1《光武帝纪》，第66页。
④ [宋] 范晔《后汉书》卷1《光武帝纪》，第66页。

这条简文的价值在于，一是可与史书记载相印证，即使远在河西地区的武威，度田也在正常开展。二是度田常以五月进行，可见是经常性的措施。三是明确说明了对度田不实的处罚标准，可见度田政策的法律执行。

再次，简文中关于"令"的记载比较丰富，有助于认识汉代令的构成。简文记载的令有"公令""御史挈令""兰台挈令""卫尉令""尉令"以及"令在乙"等各种不同名称，反映出汉代令制定的多样性。令的规定，既有以制定机构命名，如"御史令""卫尉令""兰台令"等；也有以令的性质而命名，如"公令""挈令"等。令文的内容，涉及养老、变事、发民、劳作、自占、赦免、户政、辞讼等各种事项，可与令名相参证，是研究汉代法律制度的珍贵资料。

2.汉晋墓葬遣册文书

武威水草丰茂，土地肥沃，两汉时期已是富庶之地。《后汉书·孔奋传》说："时天下扰乱，惟河西独安，而姑臧称为富邑，通货羌胡，市日四合，每居县者，不盈数月辄致丰积。"① 而魏晋以来，中原扰乱，河西又成为士人避害讲学的乐土。生于斯，长于斯，葬于斯，武威汉晋墓葬发现的遣册文书是认识古人生活状态的宝贵资料。

1984年，武威市韩佐乡五坝山汉墓群3号汉墓发现木牍1枚，长25、宽7厘米，隶书文字，正面五行，背面两行，稍有缺损。木牍出土时平置于棺盖之上，内容为墓主私事文告。牍文说："张掖西乡定武里田升宁，今归黄（泉），过所毋留难也。"② 可见墓主籍贯为武威郡张掖县西乡定武里，名为田升宁。牍文还记载了田升宁田地变更情况，有助于理解汉代土地制度。

---

① 《后汉书》卷31《孔奋传》，第1098页。
② 李均明、何双全编《散见简牍合辑》，第25页。

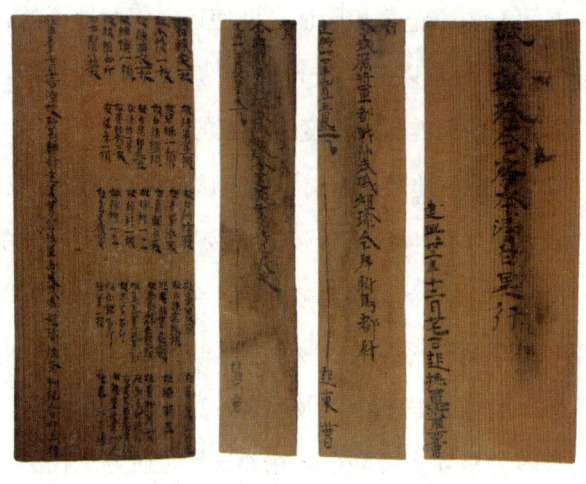

旱滩坡木牍

1991年，武威市凉州区新华乡红崖支渠墓出土木牍一枚，长24、宽3.7厘米，牍文正面为衣物疏，背面记载："青龙四年五月四日，民左长坐醉死，长所衣衣十三牒，皆具已。"①死者时间为魏明帝青龙四年（236），反映了曹魏政权对武威的统治，是珍贵的三国简牍。

1985年，武威柏树乡旱滩坡晋墓M19发现木牍5枚。该墓属于夫妇合葬墓，男棺内出土木牍四枚，置于墓主头骨左侧。女棺内出土木牍一枚，位于胸前。木牍内容为墓主的身份名刺和随葬衣物疏。

男棺内出土木牍，皆保存完好。其中三枚木牍是墓主人名刺，一枚言："武威栾瑜，今察本清白异行，建兴卌三年十二月廿七日，起抚军将军西曹。"一枚言："有令：武历将军、都战帅武威姬瑜，今拜驸马都尉。建兴卌四年九月十五日戊子下，起东曹。"一枚言："有令：齐直军议掾、武威姬瑜，今建义奋节将军长史。建兴卌八年四月廿九日辛未下，起东曹。"②上述三枚简牍，需要关注的地方，一是简牍的纪年，使用了"建兴"的年号，建兴为西晋愍帝年号（313—316），只用了四年而西晋灭亡。简牍中的纪年

---

① 何双全、狄晓霞《甘肃省近年来新出土三国两晋简帛综述》，《西北师大学报》2007年第5期。

② 李均明、何双全编《散见简牍合辑》，第26页。

却有建兴卌三年（355）、建兴卌四年（356）、建兴卌八年（360），时间都在东晋时期。其实，这反映了武威所在前凉地方政权的纪年状况。前凉张氏割据河西，继续沿用西晋年号，表明了奉中原正朔之意。二是简册记载的职官，反映了墓主人生前身份以及任职的变化情况。墓主人姬瑜以清白异行仕宦，任过驸马都尉、建义奋节将军长史等职官。男棺内第四枚木牍是衣物疏，记载了随葬的35种衣物葬器名称，并有说明："升平十三年七月十二日，凉故驸马都尉、建义奋节将军长史、武威姬瑜，随身物疏令卅五种。"①从此牍可知，墓主人下葬时间应是在升平十三年（369），升平是东晋穆帝年号（357—361），只有五年。木牍年号，也应是前凉政权奉中原正朔的反映。

女棺内出土木牍保存较差，牍背面有"咸康四年十一月十日，假凉都督、故□妻……具物疏"，可知木牍性质也是衣物疏。牍正面是衣物疏的清单，包括了33种随葬的衣物葬具。从简牍纪年可知，女棺内墓主下葬时间为晋成帝咸康四年（338），则女性先于男性31年下葬。女棺内木牍保不好，应与下葬时间较早有关。

旱滩坡晋墓木牍总体保存较好，纪年明确，内容丰富，是研究河西社会生活史的珍贵资料。特别是衣物疏记载了丰富的衣物及各类随葬器物，对于认识晋代名物制度意义重要。而简牍中特殊的纪年名称与职官设置，也是认识前凉割据政权存在状况的重要文献。

1991年，武威凉州区新华乡头坝村发现四枚晋代木牍。两枚是升平十二年（368）八月杨柏衣物疏，说明购买黄致棺木一具，花费九万九千钱，

---

① 李均明、何双全编《散见简牍合辑》，第28页。

"化匿不得相因遮,急急如律令。"① 即不要阻挡死者入化归地府。另两枚是升平十三年(369)五月乌独浑衣物疏,详细记载了随葬的各类衣物葬具,说:"十三年五月二十一日,生人父母与乌独浑十九种衣物,生时所著所衣。山川、谷郭、黄泉、河津、桥梁:不得妄荷脱梦,荷妄遮脱,持券上诣苍天,急急如律令。"② 说明死者下葬时间,望山川神灵沿途不要阻挡死者升天,是认识民间思想的重要资料。

武威出土简牍除了上述代表性者之外,1945年,夏鼐、阎文儒在武威县南刺麻湾采集木简7枚,图版与释文见《居延汉简(肆)》。③ 这些简牍多残断模糊,从内容来看应是汉代社会文书。1972年,武威县张义乡小西沟岘发现过西夏木牍1枚,内容是"施食"情况和咒语。甘肃省博物馆《甘肃武威发现的西夏文考释》著录了该简图版,并对形制内容做了说明。④

---

① 贾小军、武鑫《魏晋十六国河西镇墓文、墓券整理研究》,中国社会科学出版社,2017年,第84页。

② 贾小军、武鑫《魏晋十六国河西镇墓文、墓券整理研究》,第88页。

③ 简牍整理小组《居延汉简(肆)》,中研院史语所2017年,第293页。

④ 甘肃省博物馆《甘肃武威发现的西夏文考释》,《考古》1974年第3期,202~207页。

古墓零简

水泉子、甘谷、黄家湾简牍

甘肃墓葬出土简牍，除了武威汉晋简牍之外，还有永昌水泉子汉简、甘谷汉简、临泽黄家湾晋简，内容集中，特色鲜明，是甘肃简牍文化的重要组成部分。

一、水泉子汉简中的《苍颉篇》与日书

2008年8-10月,为配合国家工程建设,甘肃省文物考古研究所对永昌水泉子汉墓群抢救性挖掘,在M5发现了一批木简。简牍放置在该墓东侧木棺上,因受坍塌的椁盖板和棺盖的挤压而受损。由于该墓地地下水位较

水泉子汉简出土情况

高,墓室潮湿,木简出土时多残断。经初步整理,木简较为完整者700多枚,连同残片约1400余枚。木简为松木材质,长约19~20厘米,宽度为0.6~2厘米,厚0.1~0.3厘米,木简中部因沾叠挤压而变形。[①] 水泉子汉简的内容,经发掘者整理可知主要是字书《苍颉篇》与日书。

---

① 甘肃省文物考古研究所《甘肃永昌水泉子汉墓发掘简报》,《文物》2009年第10期。

1. 七言本《苍颉篇》

《苍颉》为秦代字书,《汉书·艺文志》载:"《苍颉》七章者,秦丞相李斯所作也;《爰历》六章者,车府令赵高所作也;《博学》七章者,太史令胡母敬所作也;文字多取《史籀篇》,而篆体复颇异,所谓秦篆者也。是时始造隶书矣,起于官狱多事,苟趋省易,施之于徒隶也。汉兴,闾里书师合《苍颉》《爰历》《博学》三篇,断六十字以为一章,凡五十五章,并为《苍颉篇》。"①《苍颉篇》久已失传,而20世纪以来各地出土简牍文献中多有《苍颉篇》的语句。代表性者如敦煌汉简、居延汉简、安徽阜阳汉简、北大汉简等,与其他地区出土简牍《苍颉篇》相比,水泉子《苍颉篇》在篇章语句上有其鲜明特色。

据整理者介绍,水泉子《苍颉篇》约有140余枚,字数有1000余字,②是《苍颉篇》的集中抄录,与西北边塞汉简中的零散习字《苍颉》不同。简文虽有残断,但多枚简牍结尾处有"百五字"的计数语,余简空白,下简另起抄录。这反映出水泉子《苍颉篇》以"百五字"为一章,分章抄录的篇章特点。

水泉子《苍颉篇》最鲜明的特色还是语句上的不同。目前发现的其他《苍颉》均是以四字为句,而水

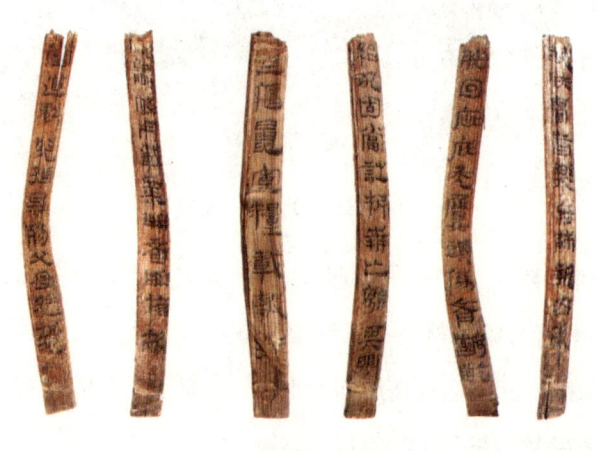

水泉子汉简《苍颉篇》

---

① 《汉书》卷30《艺文志》,第1721页。
② 张存良、吴荭《水泉子汉简初识》,《文物》2009年第10期。

泉子汉简却是以七字为句，形式非常独特。如居延新简《苍颉》句"谨慎敬戒"，水泉子《苍颉》作"☑慎敬戒身既完"。居延新简《苍颉》"计会辨治"，水泉子《苍颉》作"计会辨治推耐前"。居延汉简《苍颉》"汉兼天下"，水泉子《苍颉》作"汉兼天下尽安宁"。北大汉简《苍颉》"行步驾服"，水泉子《苍颉》作"行步驾服趋使令"。从这种对比可以看出，水泉子汉简七言《苍颉》其实是以传统四言《苍颉》为基础，后续三字作诠解补充而成。这些补充语句形象生动，易于学习记诵。又如"变大制裁好衣服""丹胜误乱有所惑""冢椁棺柩不复出""雍州葆德富且强"等，也是在原《苍颉》四字句基础上增加三字而成，使复杂难记的《苍颉》变得通俗易解。

水泉子《苍颉篇》以七字为句，是汉代民间《苍颉》传播的一种独特形式。考察七言《苍颉》所加字句的韵脚，都是句句押韵，分章换韵。而从各章"右百五字"的章句小结来看，每句七言，则每章有15句。《汉书·艺文志》记载汉代闾里书师所作《苍颉篇》是"断六十字为一章"，每句四言，则每章也是15句。水泉子《苍颉篇》"右百五字"的小结多次出现，可见水泉子《苍颉篇》整篇都是以七言为句，章次分明。这样系统的七言《苍颉篇》版本的出现，是《苍颉篇》流传史上的重要现象，也展现出汉代基层教育形式的丰富多样。

2. 水泉子汉简日书

水泉子M5汉墓出土汉简，另一部分内容是日书文献，内容丰富。具体包括建除、丛辰、裁衣、男女、生子、入官、捕盗、出行、日用禁忌等方面，涉及阴阳、五行、刑德等思想，是认识汉代社会生活的重要资料。

☑□　甲辰乙巳　丙寅丁未　庚戌辛亥　壬寅癸丑　擣祠、饮食、行作、吏事、取妇、嫁女，不吉。

☑□ 戊 丑 辰 未 不可祠祀、取妇嫁女，可以相約结及逐捕人，不可杀六畜，大凶。见入吉，求妇许得

上述两简，都是择吉习俗的文书。先列出日期干支，而后说明各日宜忌，所列内容都与汉代日常社会生活息息相关。

时 平旦 日出 蚤食 莫食 日中 日失 餔时 莫餔 夜食 日入 夕时☑

夕时 黄昏 晦食 人定 过人定 夜半 夜过半 鸡刚鸣 中鸣 后鸣 东方作☑

上述两枚汉简，记载了汉代所施行的时制。一枚简记载了白天的时制，另一枚简记载了晚上的时制，共计有21个名称，是认识汉代时辰的珍贵资料。

水泉子汉简日书残存一些篇题，如"阎氏五行""丞相府土功要书""丛辰"等，可与天水放马滩秦简、云梦睡虎地秦简等文献中的《日书》内容相对照研究。

3. 五凤二年历日简册

2012年，甘肃省文物考古所又对水泉子汉墓再次发掘，在M8发现了一批汉简。[①] 简牍放置在墓室北棺盖板上，部分散落在两棺间隙中。简牍总数为35枚，其中一枚为竹简，余为木简，松木材质，长约31、宽0.8~1.3、

[①] 甘肃省文物考古研究所《永昌水泉子汉墓发掘简报》，《考古》2017年第12期。

厚0.05~0.2厘米。简牍保存状况较差，发现时多已残断、变形。经整理拼合，知简牍内容为汉宣帝五凤二年（前56）历日。①

该简册卷首简背原应有篇题，模糊难识。次简记载"黄帝""八风"等择吉内容。

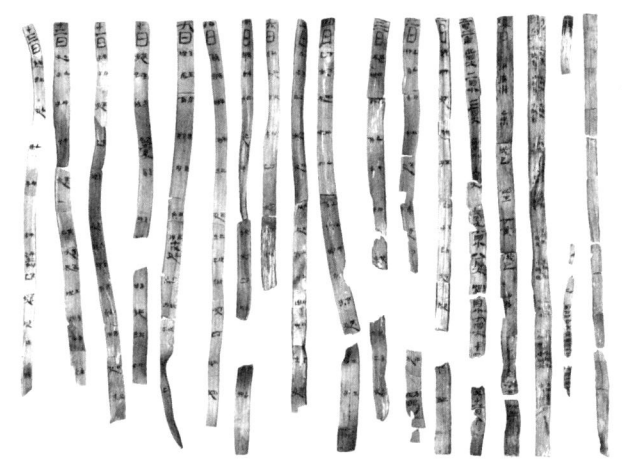

水泉子汉简"五凤二年历日"

又次简为"时日"简，说明每月大小时所居方位。又次简为"复日"简，记载复日天干。次后是五凤二年历日，历日表为横读式，纵列月份，因该年有闰月，加上顶端日序，共有14栏。横列日期，该月共30天，加上月序简，共31简。表中注明了每日干支及"立春""春分""立夏""夏至""立秋""立冬"等分至，以及伏日、腊日等节气，是汉代历表的常见内容。历表中还有一简记载了"月食"，性质比较独特。

该简册虽然残断，但是内容重要，特别是在历日简册的构成上，可知选择类数术简与历谱编为一册时，是将数术简置前而历谱编置后，这对于认识汉代历谱表的结构具有典范意义。

---

① 张存良、王永安、马洪莲《甘肃永昌县水泉子汉简"五凤二年历日"整理与研究》，《考古》2018年第3期。

二、甘谷汉简与东汉宗室待遇

1971年12月,在甘谷县渭阳人民公社十字道生产大队村北的刘家础坪上,发现了一座东汉墓葬。甘肃省文化组、甘肃省博物馆、天水地区和甘谷县文教部门共同组织专业人员清理墓葬,发现汉简23枚,以及陶器、铜器、铁器等随葬器物110余件,是甘肃东部地域汉代简牍的一次重要发现。

甘谷发现的这座东汉墓,结构为一前室带双后室。墓内前室一棺,南后室三棺,北后室二棺。墓葬出土灰陶罐上有"刘氏之泉""刘氏之冢"的文字,可知是东汉刘氏家族的墓葬。由于北后室二棺有鎏金铜棺饰,显示地位相对较高。简牍出土于北后室紧靠南壁的男性棺木中,棺木特别厚大,显示出墓主人身份尊贵。

1. 甘谷汉简的形制

甘谷汉简的材质为松木,简长23、宽2.6、厚0.3厘米。简文墨书隶体,书道精美。简文正面两行书写,简背上部写有"第一"至"第廿三"的顺序编号,可知原简为一册书。编绳已朽,从简上痕迹看,原为两道编绳,分置于简牍1/3与2/3处。编绳处留有空白,应是先编后写。简牍残损严重,除8简较完整外,余皆为残断损片,有的已难以拼缀。简牍正面满简容字,第五简为74字，第10简为67字，现存简文964字，不及简册原有字数一半。

甘谷汉简的整理成果，是张学正整理的《甘谷汉简考释》。①该文刊发了较为完整的部分简牍图版，全部释文摹本，以及释文考证和研究成果，是研究甘谷汉简的基础文献。《中国简牍集成》第四册对甘谷汉简的释文标点收录。

甘谷汉简

2. 甘谷汉简的内容

甘谷汉简虽然残断严重，内容却十分重要。总体来看是一份关于宗室事务的诏令文书。

东汉桓帝延熹元年（158），宗正刘矩关于刘氏宗室事务上书皇帝，说明宗室权益不断受到侵扰。当时乡、县官吏，"横加僇辱"宗室子孙，侵夺宗室权益。刘氏宗室受到地方豪强的欺压，"自讼为乡县所侵"，因而要求皇权的维护。最后，所上奏书以诏书的形式于次年颁行天下，要求各地积极维护宗室权益。因此，甘谷汉简生动地反映了东汉后期刘氏宗室与地方

---

① 张学正《甘谷汉简考释》，甘肃省文物工作队、甘肃省博物馆《汉简研究文集》，甘肃人民出版社1984年。

豪强之间的矛盾。

汉简记载了东汉时期刘氏宗室所享有的特权,说:"宗室蕃诸侯,五属内,居国界,有罪请。五属外,便以法令治。流客虽五属内,不得行复除。"可见刘氏宗室因族属的远近和身份的不同而享有不同的权益。首先,一般刘氏宗室可以"复除",即享有免除赋税劳役的权利。西汉平帝元始五年(5)诏书说:"惟宗室子皆太祖高皇帝子孙及兄弟吴顷、楚元之后,汉元至今,十有余万人。"①东汉宗室,数量亦当不少,免除刘氏宗室赋税,是汉朝给予刘氏子孙的优待。其次,如果刘氏宗室在五属之内,居于国界,要有罪先请,即给予宗室法律上的庇护权,防止被执法者滥刑。《续汉书·百官志》说:"宗正,卿一人,中二千石。本注曰:掌序录王国嫡庶之次,及诸宗室亲属远近,郡国岁因计上宗室名籍。若有犯法当髡以上,先上诸宗正,宗正以闻,乃报决。"②汉简的记载可与史书记载对应。当然,宗室的这两项特权,也因族属远近及身份变化而有不同。如果刘氏宗室已在五属之外,"便以法令治",不必上报宗正府,其实就是剥夺了他们享有的法律庇护权。如果刘氏宗室身份变为了"流客",即离开了户籍所在地管理而到他地寄食客居,那么"不得行复除",即不享有免除赋税的特权。这些规定,可见东汉王朝给予刘氏宗室法律及经济方面的优待,是东汉维护贵族权益的具体方式。

但是通过甘谷汉简记载的延熹元年的这份诏书,却反映出东汉后期刘氏宗室受到地方豪强欺侮的情况。如永寿三年(157),蜀郡"宗室刘槐、刘直,自讼为乡县所侵,不行复除",即宗室受到县、乡的侵扰侮辱,不能享受免除赋税的权利。又有成都宗室刘羽、刘震等反映,"郡被书不奉行",

---

① 《汉书》卷12《平帝纪》,第358页。
② [晋] 司马彪撰,[梁] 刘昭注补《后汉书志》,第3589页。

"横竟欧辱，责更、算、道、桥钱，役使不得安土业。"刘氏宗室受到郡县侵辱，要上交过更、算赋以及治道修桥的钱，役使劳作各种杂务。还有广陵等地县吏，"令宗室刘江、刘瑜、刘树、刘举等，著赤帻为伍长，守街治滞。"则是役使宗室人员，让他们戴上红色头巾，任伍长之职，守街劳作。正是这些事件，宗正府上奏朝廷，希望朝廷关怀宗室。朝廷因而下发诏书，责让州郡，说这些事件让"小民怀怨，远愬纷纷连年，非圣朝崇弘小，放意迷惑不晓，施行缪错，令上恩偏隔"，也就是要求地方政府施行好优待宗室的政策，不要让宗室成员被地方豪强欺侮。

3. 甘谷汉简反映的东汉行政管理

甘谷汉简原本是一份完整的诏令文书，只是因简牍残缺而使诸多信息遗失，十分可惜。不过就现存简文来看，其中反映东汉诏令的下发、传递以及行政管理方面的信息，仍然十分重要。

从甘谷汉简形制来看，这份简册为松木材质，常见的汉代尺牍。简文字迹娟秀，是精心抄录的一份文书。简背标注了每一简的次序，可见文书编排有序。从文书结构来看，该册书包含了不同机构下发的多份文书，但简文抄录字体一致，则本册书是诏令文书的抄本。简牍发现于墓内棺中，墓主为刘氏宗室，简文又是保护宗室权益的文书，这都反映出这封文书抄录的特殊目的性。

简册文书的主体，为简 1—19，是宗正府刘矩上奏朝廷的文书，先说明之前朝廷下发的优待宗室的文书，而后列举各地宗室受到欺侮的案例，最后是朝廷诏令，要求继续优待宗室。文书的第二部分，为简 20—23，是地方刺史部、郡太守传递文书的记载。汉桓帝延熹二年（159）凉州刺史部下文郡国太守、都尉，要求"承书从事，下当用者，如诏书，各实核准为州集部"，是要求地方依照诏书执行优待宗室的政策，并及时回复上报。

简23则是延熹二年汉阳太守府收到凉州刺史部下发的文书后，再次向属县下发文书，要求"如诏书各实所部正处，书到言，如诏书律令"，也就是要求所属各县执行好优待宗室的政策。

因此，甘谷汉简的内容，包含了宗正府上书、朝廷回复文书、刺史部下文、郡太守府下文，是汉朝行政运转的典型体现。墓主人以此随葬，是为了彰显其宗族身份。

三、临泽黄家湾晋简的田产争讼

2010年6—8月,南京师范大学文博学院受甘肃省文物考古研究所委托,对张掖市临泽县黄家湾墓群考古发掘,发现了一批晋代木简,具有重要研究价值。

1. 黄家湾晋简的发现与公布

黄家湾墓群位于临泽县城西南约4.5公里处,考古工作者在此发掘汉至西晋时期的洞室墓90座,其中M23出土简牍27枚。简牍发现时置于墓主棺盖上,依据残留的编绳痕迹判断,原本应是细麻绳连缀的成册简牍,出土时已经散乱。简牍为松木,均是稍宽的木牍,完整者长23.2、宽2厘米。简上文字有两行书与一行书的不同形式。简文字体为行楷,书写率意,笔法流畅。简文如下:

　　十二月四日,故郡吏孙香对:薄祐九岁丧父母,为祖母见养。年十七,祖丧亡,香单弱,嘱从兄发、今龙见偶居城西旧坞,以坞西田借发、今龙耩佃。发、今龙自有旧坞在城北,今龙中自还居城北,发住未去。发有旧田坞卖与同县民苏臈,今因名香所借田,祖母存时与,实无遗令及托子侄券书以田与发之文。祖父母存时，为香父及叔季分异，各有券书，发父兄弟分得城北田坞二处。今自凭儿子强盛，侮香单弱，辞诬祖母，欲见侵夺。乞共发、今龙对共校尽，若不如辞，占具装二具入官，对具。　1—4

十二月六日，老民孙发对：被召当与从庶弟香了所居坞田。亡父同产兄弟三人，庶叔三人共同居同籍，皆未分异。荒毁之中，俱皆亡没，唯祖母存在，为发等分异。弟今龙继从伯得城北坞田，发当与香共中分城西坞田。祖母以香年小，乍胜田，二分，以发所得田分少，割今龙田六十亩益发，坞与香中分。临稟坞各别开门，居山作坝塘，种桑榆杏今皆茂盛。注列黄籍，从来卅余年。今香横见诬言，云发借田寄居，欲死诬生，造作无端。事可推校，若不如对，占人马具装入官。对具。到，立下重自了，里令分割。　5—9

十二月七日，民孙今龙对：被召当了庶从弟香所争田。更遭荒破，父母亡没。唯有祖母存在，分异，以今龙继养亡从伯后，得城北田，祖母割今龙田六十亩益发，分居以来卅余年。今香、发诤，非今龙所知。有从叔丞可问，若不如对，占人马具装入官，对具。　10—11

建兴元年十二月壬寅朔十一日壬子，临泽令髦移孙司马：民孙香、孙发、孙今龙兄弟共诤田财，诣官纷云，以司马为证，写辞在右。司马是宗长，足当知尽，移达，具列香兄弟部分券书，会月十五日，须得断决如律令。12—13

建兴元年十二月壬寅十五日丙午，户民孙丞敢言之。临泽廷移壬子书：民孙香、孙发讼田，丞是宗长，足知尽。香、发早各自有田分。香父兄弟三人，孙蒙、孙弘、孙翘皆已亡没。今为平决，使香自继其父蒙。祖母存时命发息为弘后，无券，香所不知。翘独无嗣，今割香、发田各卅亩及坞舍分，命亲属一人以为翘祠。平决巳了，请曹理遣，敢言

之。 14—16

　　户曹掾史王匡、董惠白：民孙香、孙发、孙今龙共诤田坞相诬冒，求问从叔丞，移丞列正。今丞移报：香、发早自有田分。香父兄弟三人，孙蒙、孙翘、孙弘皆亡没。今为平决，使香自继其父蒙。祖母存时命发息为弘后，无券书，香不知。翘无嗣，今割香、发田各卅亩及坞舍分，命亲属一人为翘继。香、发占对如丞所断，为了。香、发兄弟不和，还相诬言，不从分理，诣官纷云，兴长讼，诉平官法。请事诺，罚香、发鞭杖各百五十，適作事一月。听如丞，移使香、发人出田卅亩及坞舍分，与继者。又今龙本未相争，田为香所认，前已罚卅，差不坐。谨启如前。□□如□□□□不出……钱，教诺田钱□但五十鞭断□□□□□……① 17—27

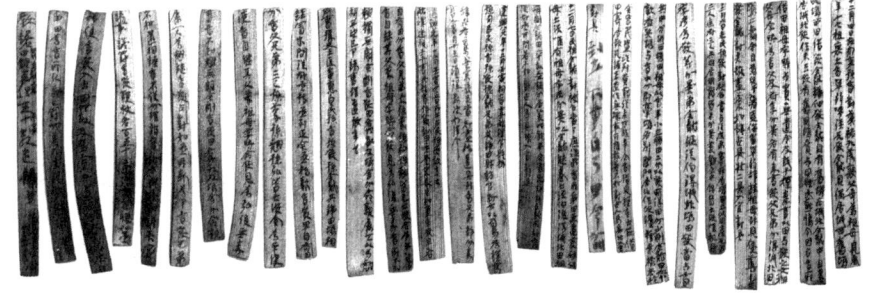

黄家湾晋简

　　这批简牍的内容首先在杨国誉《"田产争讼爰书"所展示的汉晋经济研究新视角——甘肃临泽县新出西晋简册释读与初探》一文中得以刊布。该文不仅公布了简牍释文，而且对简文的性质与内容作了讨论。②贾小军《临

---

① 贾小军、武鑫《魏晋十六国河西镇墓文、墓券整理研究》，第150~158页。
② 杨国誉《"田产争讼爰书"所展示的汉晋经济研究新视角——甘肃临泽县新出西晋简册释读与初探》，《中国经济史研究》2012年第1期。

泽出土〈田产争讼爰书〉释读及相关问题》对简文进一步考释，并就简文所反映的魏晋时期社会生活问题做了阐述。①

2. 简册内容

黄家湾晋简的内容是一份田产争讼爰书。西晋愍帝建兴元年（313），张掖郡临泽县孙氏兄弟因争讼田产，临泽县调查审理，形成了诉讼记录。简册内容可分为五个部分。

（一）孙香爰书，共四简。西晋建兴元年十二月四日，孙香陈述与族兄孙发、孙今龙的经济纠纷。孙香自述，因年幼父母早丧，为祖母所养。祖母嘱孙香族兄孙发、孙今龙和孙香共居城西旧坞，并将坞西田地借给二人耕种。孙发、孙金龙本有旧坞在城北。后孙金龙归到城北，而孙发仍住城西。现祖母去世，孙发因说城西所住坞及所耕田为其所有。孙香因此提出诉讼，认为孙发是仗势侵夺，请求对辞核实。

（二）孙发爰书，共五简。十二月六日，孙发陈述，当时祖母定下孙发与孙香中分城西田坞，并不是孙香所说借田寄居。因为孙发地少，孙今龙还曾割田六十亩给孙发。孙发四十年来就在城西坞居住，名列簿籍，并无侵夺之说，而为孙香所诬告，愿意对状核实。

（三）孙今龙爰书。共两简。十二月七日，孙今龙对，早年父母亡没，从祖母居住，祖母为其分得城北田地，还曾从祖母意见割六十亩地给孙发。分居以来三十多年，孙香与孙发的争论并不知晓，有从叔孙丞可问询。

（四）临泽县令移孙丞书。共两简。十二月十一日，因孙今龙提出以宗长孙丞为证，临泽县令移书孙丞，要求孙丞对此事做出说明。

---

① 贾小军《临泽出土〈田产争讼爰书〉释读及相关问题》，《鲁东大学学报》2012年第5期。

（五）孙丞证词，共三简。十二月十五日，孙丞报临泽县，说明孙香、孙发各自有田分。而孙香父辈兄弟有三人，孙香继承其父孙蒙，孙发继承从叔孙弘，而孙翘无子嗣。现在应让孙香、孙发各出田四十亩，命亲属一人为孙翘后嗣，给予嗣者。

（六）县廷判词，共十一简。经户曹掾调查，县丞上报，特别是依据宗长孙丞的意见，县廷认为，从财产继承上看，孙香继承其父孙蒙，孙发继承从叔孙弘后，现应另立亲属一人继孙翘后，并割孙香、孙发的田地及坞舍给孙翘继者。对于诉讼两方的判决，认为孙香、孙发二人更相诬言，各鞭杖百五十，罚作事一月。

因此，该爰书结构清晰，反映出县廷对诉讼各方的调查进程，最后得出判词，可见西晋民事诉讼状况。

3. 简册反映的西晋河西社会

本简册是西晋后期边地社会的缩影，对于认识当时的宗族管理和社会风貌都有意义。

本简册是认识西晋后期宗族关系的重要材料。西晋前期社会稳定，但后期由于政治腐败和边族入侵，社会动荡不安。河西宗族社会的自保意识不断加强，门户观念日盛，宗族在社会运行中发挥着重要作用。不过随着宗族的扩大，宗族内部也不可避免地出现各类矛盾，本简册就是宗族内部因经济问题而发生纠纷的记载。

简册反映的问题是张掖郡临泽县孙氏兄弟因为田地坞舍而发生了矛盾。从问题的起始来看，由于当时社会动荡，诉讼者孙香与被告孙发的父辈们早已死去，当年祖母在世时做过财产的划分，但是由于时间久远，当时又没有立下文书，因此孙香与孙发产生了对财产继承的不同理解。孙香认为因为自己年幼，因此祖母让孙发、孙今龙与自己居住在一起，田地也借与孙发、孙今龙耕种。后孙今龙搬走,孙发依旧占用坞舍田地,因此要求孙发归还。但孙发认为祖母在世时就将城西坞田分与二人,田地坞舍俱当分开,并不是自己侵占孙香的利益。因此,问题的焦点就集中在关于城西田地坞舍的所有权属上,是孙发侵占孙香的,还是祖母在世时曾为他们分割田地坞舍。这一矛盾并不是现在形成,而是四十多年前祖母分割财产的意见不明,才有了不同的争讼意见。

再从问题的解决来看,诉讼文书中出现了一个重要的证人孙丞。从辈分来讲,孙丞是孙香、孙发的从叔辈;从地位来讲,孙丞是孙氏宗长;从官职来讲,孙丞职任司马。因此诉讼者孙今龙提出以孙丞为证,临泽县廷移书让孙丞做出说明。孙丞从宗族财产继承的角度对这一争讼问题提出了自己的意见。孙丞指出孙香等父辈虽已亡故,但是都应后继有人,于是提出了解决方案:孙香继承其父孙蒙,孙发继承叔父孙弘,另分割财产立亲属一人继承孙翘。由此我们发现诉讼问题的解决并不是平判孙香、孙发的经济纠纷,而是理顺宗族的财产继承。对于孙香、孙发的争论,他们之间并不存在是非曲直,而是服从于宗族利益,使先辈们都有后继。他们都要让出一部分资产,为另一死去叔父孙翘立后为继。而且最终的判决是孙香、孙发都有过错,他们的过错在于"兄弟不和,还相诬言,不从分理,诣官纷纭,兴长讼,诉平官法",也是从礼教上惩戒,而不是从财产权益上断案。

因此,我们看到,本案件所述诉讼原因的产生、问题的调查、最终案件的判决,都是为了宗族的整体利益。宗长在问题的解决中发挥着重要作用,他既是诉讼的证人,也是县廷委托的调查者,更是问题最终解决方案的提出者。这份爰书正是西晋末期宗族社会管理的典型反映。

本简册虽然是法律诉讼文书,但是简文内容有助于理解西晋河西地区社会风貌与百姓生活状况。

西晋前期,社会稳定,号称"太康之治"。但武帝司马炎因戒于曹魏之亡而大肆分封，为后世留下隐患。惠帝无能，母后专权，最终形成了八王之乱，对当时社会发展造成了极大的破坏。而边地又有流民起义，少数民族入侵，疾疫多发，社会动荡不安。如晋惠帝元康七年（297）："秋七月，雍、梁州疫。大旱，陨霜，杀秋稼。关中饥，米斛万钱。诏骨肉相卖者不禁。"①又："至于永嘉，丧乱弥甚。雍州以东，人多饥乏，更相鬻卖，奔迸流移，不可胜数。幽、并、司、冀、秦、雍六州大蝗，草木及牛马毛皆尽。又大疾疫，兼以饥馑，百姓又为寇贼所杀，流尸满河，白骨蔽野。"②晋朝的破败之象，在简文中也有反映。简册记载："亡父同产兄弟三人，庶叔三人共同居同籍，皆未分异。荒毁之中，俱皆亡没。"孙香父辈们全部亡没于"荒毁之中"，可见社会动乱给家庭个人造成的巨大损失。

当然，社会动乱之后，百姓积极组织生产，河西地区相对闭塞，受到的冲击也较小，因此能够及时恢复生产。简文记载："临橐坞各别开门，居山作坝塘，种桑榆杏椋，今皆茂盛。"可见百姓积极生产生活。后中原五胡乱华，河西偏安。晋惠帝永宁元年（301），张轨为凉州刺史，延用才干之士，威振西州。本简册记载的时间，正是中原动荡，河西偏安时的状况。简册记载的社会动荡，以及随后百姓积极生产，就是当时河西社会生活状况的反映。

---

① ［唐］房玄龄等撰《晋书》卷4《惠帝纪》，第94页。
② 《晋书》卷26《食货志》，第791页。

参考文献

一、古籍类

［汉］郑玄注,［唐］贾公彦疏《周礼注疏》,北京大学出版社1999年。

［汉］郑玄注,［唐］孔颖达疏《礼记正义》,北京大学出版社1999年。

［周］左丘明传,［晋］杜预注,［唐］孔颖达正义《春秋左传正义》,北京大学出版社1999年。

［汉］司马迁《史记》,中华书局1959年。

［汉］班固《汉书》,中华书局1962年。

［晋］陈寿《三国志》,中华书局1959年。

［宋］范晔《后汉书》,中华书局1965年。

［唐］房玄龄等《晋书》,中华书局1974年。

［宋］欧阳修、宋祁《新唐书》中华书局1975年。

［东汉］刘珍等《东观汉记》,中华书局2008年。

徐元诰《国语集解》,中华书局2002年。

［清］孙星衍辑《汉官六种》，中华书局1990年。

［清］焦循《孟子正义》，中华书局1987年。

［清］王先慎《韩非子集解》，中华书局1998年。

［清］王先谦《庄子集解》，中华书局1999年。

［清］孙诒让《墨子间诂》，中华书局2001年。

岑仲勉《墨子城守各篇简注》，中华书局1958年。

何宁《淮南子集释》，中华书局1998年。

黄晖《论衡校释》，中华书局1990年。

吴则虞《晏子春秋集释》，中华书局1982年。

陈奇猷《吕氏春秋新校释》，上海古籍出版社2001年。

［梁］萧统编，［唐］李善注《文选》，中华局1977年。

［宋］郭茂倩编《乐府诗集》，中华书局1979年。

二、资料类

中国科学院考古研究所编《居延汉简甲编》，科学出版社1959年。

甘肃省博物馆、武威县文化馆合编《武威汉代医简》，文物出版社1975年。

中国社会科学院考古研究所编《居延汉简甲乙编》，中华书局1980年。

林梅村、李均明编《疏勒河流域出土汉简》，文物出版社1984年。

谢桂华、李均明、朱国炤《居延汉简释文合校》，文物出版社1987年。

甘肃省文物考古研究编，薛英群、何双全、李永良注《居延新简释粹》，兰州大学出版社1988年。

睡虎地秦墓竹简整理小组编《睡虎地秦墓竹简》，文物出版社1990年。

李均明、何双全编《散见简牍合辑》，文物出版社1990年。

甘肃省文物考古研究所、甘肃省博物馆、文化部古文献研究室、中国社会科学院历史研究所编《居延新简——甲渠候官与第四燧》，文物出版社于1990年。

甘肃省文物考古研究所编《敦煌汉简》，中华书局1991年。

甘肃省文物考古研究所、甘肃省博物馆、中国文物研究所、中国社会科学院历史研究所编《居延新简——甲渠候官》，中华书局1994年。

中国简牍集成编辑委员会编《中国简牍集成》，敦煌文艺出版社2001年。

胡平生、张德芳《敦煌悬泉汉简释粹》，上海古籍出版社2001年。

魏坚主编，内蒙古自治区考古研究所、内蒙古师范大学历史系、中国社会科学院历史研究所、中国文物研究所联合整理《额济纳汉简》，广西师范大学出版社2005年。

湖北省文物考古研究所、随州市考古所编《随州孔家坡汉墓简牍》，文物出版社2006年。

张家山二四七号汉墓竹简整理小组编《张家山汉墓竹简[二四七号墓]》，文物出版社2006年。

汪涛、胡平生、吴芳思编《英国国家博物馆藏斯坦因所获未刊汉文简牍》，上海辞书出版社2007年。

孙家洲主编《额济纳汉简释文校本》，文物出版社2007年。

甘肃省文物考古研究所编《天水放马滩秦简》，中华书局2009年。

甘肃简牍保护研究中心、甘肃省文物考古研究所、甘肃省博物馆、中国文化遗产研究院古文献研究室、中国社会科学院简帛研究中心编《肩水金关汉简（壹）》，中西书局2011年。

甘肃简牍保护研究中心、甘肃省文物考古研究所、甘肃省博物馆、中国文化遗产研究院古文献研究室、中国社会科学院简帛研究中心编《肩水金关汉简（贰）》，中西书局2012年。

甘肃简牍博物馆、甘肃省文物考古研究所、甘肃省博物馆、中国文化遗产研究院古文献研究室、中国社会科学院简帛研究中心编《肩水金关汉简（叁）》，中西书局2013年。

甘肃简牍博物馆、甘肃省文物考古研究所、甘肃省博物馆、中国文化遗产研究院古文献研究室、中国社会科学院简帛研究中心编《肩水金关汉简（肆）》，中西书局2015年。

甘肃简牍博物馆、甘肃省文物考古研究所、甘肃省博物馆、中国文化遗产研究院古文献研究室、中国社会科学院简帛研究中心编《肩水金关汉简（伍）》，中西书局2016年。

孙占宇《天水放马滩秦简集释》，甘肃文化出版社2013年。

张德芳《敦煌马圈湾汉简集释》，甘肃文化出版社2013年。

马怡、张荣强主编《居延新简校释》，天津古籍出版社2013年。

陈伟主编，孙占宇、晏昌贵撰著《秦简牍合集（肆）》，武汉大学出版社2014年。

简牍整理小组编《居延汉简（壹）》，中研院史语所2014年。

简牍整理小组编《居延汉简（贰）》，中研院史语所2015年。

简牍整理小组编《居延汉简（叁）》，中研院史语所2016年。

简牍整理小组编《居延汉简（肆）》，中研院史语所2017年。

张德芳主编、孙占宇著《居延新简集释（一）》，甘肃文化出版社2016年。

张德芳主编、杨眉著《居延新简集释（二）》，甘肃文化出版社2016年。

张德芳主编、李迎春著《居延新简集释（三）》，甘肃文化出版社2016年。

张德芳主编、马智全著《居延新简集释（四）》，甘肃文化出版社2016年。

张德芳主编、肖从礼著《居延新简集释（五）》，甘肃文化出版社2016年。

张德芳主编、张德芳、韩华著《居延新简集释（六）》，甘肃文化出版社2016年。

张德芳主编、张德芳著《居延新简集释（七）》，甘肃文化出版社2016年。

陈伟主编，孙占宇、晏昌贵著《秦简牍合集：释文注释修订本（肆）》，武汉大学出版社2016年。

甘肃简牍博物馆、甘肃省文物考古研究所、出土文献与中国古代文明研究中心中国人民大学分中心编《地湾汉简》，中西书局2017年。

敦煌市博物馆、甘肃简牍博物馆、陕西师范大学人文社会科学高等研究院《玉门关汉简》，中西书局2019年。

甘肃简牍博物馆、甘肃省文物考古研究所、陕西师范大学人文社会科学高等研究院、清华大学出土文献研究与保护中心《悬泉汉简（壹）》，中西书局2019年。

三、著作类

劳榦《居延汉简考证》，《中研院历史语言研究所集刊》第三十上，1959年。

陈梦家《汉简缀述》，中华书局1980年。

甘肃省文物工作队、甘肃省博物馆编《汉简研究文集》，甘肃人民出版社1984年。

罗振玉、王国维著《流沙坠简》，中华书局1993年。

李并成《河西走廊历史地理》，甘肃人民出版社1995年。

李振宏、宋会群《居延汉简人名编年》，中国社会科学出版社1997年。

［英］奥雷尔·斯坦因著，中国社会科学院考古研究所译《西域考古图记》，广西师范大学出版社1998年。

［瑞典］贝格曼著、张鸣译《考古探险手记》，新疆人民出版社2000年。

马先醒《汉居延志长编》，台北国立编译馆2001年。

中国文物研究所、甘肃省文物考古研究所编《敦煌悬泉月令诏条》，中华书局2001年。

徐炳昶《西游日记》，甘肃人民出版社2002年。

雍际春《天水放马滩木板地图研究》，甘肃人民出版社2002年。

［英］斯坦因著，巫新华等译《亚洲腹地考古图记》，广西师范大学出版社2004年。

李均明《居延汉简编年——居延编》，新文丰出版公司2004年。

骈宇骞、段书安《二十世纪出土简帛综述》，文物出版社2005年。

张延昌主编《武威汉代医简注解》,中医古籍出版社 2006 年。

[英]斯坦因著,巫新华译《沿着古代中亚的道路:斯坦因哈佛大学讲座》,广西师范大学出版社 2008 年。

陈直《居延汉简研究》,中华书局 2009 年。

郝树声、张德芳《悬泉汉简研究》,甘肃文化出版社 2009 年,

张焕君、刁小龙《武威汉简〈仪礼〉整理与研究》,武汉大学出版社 2009 年。

赵宠亮《行役戍备——河西汉塞吏卒的屯戍生活》,科学出版社 2012 年。

[英]斯坦因著、向达译《西域考古记》,商务印书馆 2013 年。

[瑞典]弗克·贝格曼考察,[瑞典]博·索马斯特勒姆整理,黄晓宏、张德芳、张存良、马智全翻译,张德芳审订《内蒙古额济纳河流域考古报告》,学苑出版社 2014 年。

中国新疆维吾尔自治区档案馆、日本佛教大学尼雅遗址学术研究机构编《中瑞西北科学考察档案史料》,新疆美术摄影出版社 2014 年。

孙占宇、鲁家亮著《放马滩秦简及岳麓秦简〈梦书〉研究》,武汉大学出版社 2017 年。

胡永鹏《西北边塞汉简编年》,福建人民出版社 2017 年。

白军鹏《敦煌汉简校释》,上海古籍出版社 2018 年。

郭伟涛《肩水金关汉简研究》,上海古籍出版社 2019 年。

四、论文类

甘肃省博物馆《甘肃武威磨咀子汉墓发掘》,《考古》1960 年第 5 期。

中医研究院医史文献研究室《武威汉代医药简牍在医学史上的重要意义》,《文物》1973 年第 12 期。

甘肃省博物馆《甘肃武威发现的西夏文考释》,《考古》1974 年第 3 期。

甘肃居延考古队《居延汉代遗址的发掘和新出土的简册文物》,《文物》1978

年第 1 期。

甘肃居延考古队简册整理小组《"建武三年候粟君所责寇恩事"释文》,《文物》1978 年第 1 期。

甘肃省文物考古研究所、天水市北道区文化馆《甘肃天水放马滩战国秦汉墓群的发掘》,《文物》1989 年 2 期。

秦简整理小组《天水放马滩秦简甲种〈日书〉释文》,甘肃省文物考古研究所编《秦汉简牍论文集》,甘肃人民出版社 1989 年。

沈文倬《〈礼〉汉简异文释（一）》,《文史》第 33 辑,中华书局 1990 年。

敦煌市博物馆《敦煌汉代烽燧遗址调查所获简牍释文》,《文物》1991 年第 8 期。

沈文倬《〈礼〉汉简异文释（二）》,《文史》第 34 辑,中华书局 1992 年。

沈文倬《〈礼〉汉简异文释（三）》,《文史》第 35 辑,中华书局 1992 年。

沈文倬《〈礼〉汉简异文释（四）》,《文史》第 36 辑,中华书局 1992 年。

何双全《敦煌新出简牍辑录》,《简帛研究》第一辑,法律出版社 1993 年。

李均明、刘军《武威旱滩坡出土汉简考述——兼论"挈令"》,《文物》1993 年第 10 期。

宋会群、李振宏《汉代居延甲渠候官部燧考》,《史学月刊》1994 年第 3 期。

初世宾《居延考古之回顾与展望》,甘肃省文物局、丝绸之路杂志社编《甘肃文物工作五十年》,甘肃文化出版社 1999 年,第 138 页。

李均明《居延汉简居延都尉与甲渠候人物志》,李均明《初学录》,兰台出版社 1999 年。

甘肃省文物考古研究所《甘肃敦煌汉代悬泉置遗址发掘简报》,《文物》2000 年第 5 期。

何双全《新出土元始五年〈诏书四时月令五十条〉考述》,《国际简牍学会会刊》第三号,兰台出版社 2001 年。

甘肃省文物考古研究所《甘肃武威磨咀子汉墓（M25）发掘简报》,《文物》

2005 年第 11 期。

何双全、狄晓霞《甘肃省近年来新出土三国两晋简帛综述》,《西北师大学报》2007 年第 5 期。

何立民《简帛学研究的开山之作——读〈流沙坠简〉并论王国维先生简帛文书研究的贡献》,《南方文物》2010 年第 3 期。

许云和《敦煌汉简〈风雨诗〉试论》,《首都师范大学学报》2011 年第 2 期。

杨国誉《"田产争讼爰书"所展示的汉晋经济研究新视角——甘肃临泽县新出西晋简册释读与初探》,《中国经济史研究》2012 年第 1 期。

贾小军《临泽出土〈田产争讼爰书〉释读及相关问题》,《鲁东大学学报》2012 年第 5 期。

张德芳《两汉时期的敦煌太守及其任职时间》,《简牍学研究》第五辑,甘肃人民出版社 2014 年。

刘乐贤《肩水金关汉简中的王莽登基诏书》,《文物》2015 年第 3 期。

晏昌贵《天水放马滩地图初探》,《考古学报》2016 年第 3 期。

姚磊《肩水金关汉简〈永始三年诏书〉校读》,《中国文字研究》第二十四辑,上海书店出版社 2016 年。

甘肃省文物考古研究所《永昌水泉子汉墓发掘简报》,《考古》2017 年第 12 期。

后 记

  本书是对甘肃简牍文化的普及性介绍。甘肃出土简牍数量众多，内涵丰富，本书侧重于对简牍出土整理状况、主要内容特色及代表性简册的说明。因笔者学识浅陋，疏误及不当之处难免，敬请读者批评指正。

  笔者是在业师张德芳先生的指导下从事简牍学的学习研究工作的。近十多年来张先生组织了大量甘肃简牍的整理出版工作，蒙先生不弃，笔者先后参加了肩水金关汉简、居延新简、地湾汉简、玉门关汉简、悬泉汉简等甘肃简牍的整理，得以聆听国内著名简牍学者的精彩见解，认知简牍学博大精深的文化内涵，受益匪浅。张先生是笔者的博士生导师，在治学方面给予细致指导，在生活方面给予支持帮助，而平时工作中的耳濡目染，更是笔者受益良多，谨此向张先生培育之恩表示衷心感谢！郝树声先生在著者学习简牍学的过程中多加关怀指导，深表感谢！

该书的写作，得到了兰州城市学院简牍研究所孙占宇、陈玲、冯玉等老师的大力帮助。该所近来在孙占宇先生的主持下组织读简活动，所同仁綫仲珊、史国良、刘小刚、朱赟斌积极参与，西北师范大学李迎春，甘肃简牍博物馆肖从礼、杨眉，西北民族大学赵兰香等先生指导讨论，开阔了笔者视野。孙占宇还带领团队于2018年11月考察敦煌汉塞，2019年10月考察居延汉塞。该书中部分照片即是笔者参加考察所摄，谨向孙占宇及诸位老师表示感谢！该书草稿初成，李迎春先生即帮助校改指导，后期又提供了不少真知灼见，特此致谢！西北师范大学田河先生对书稿提出过精到的修改意见，谨致感谢！

该书的写作，得到了甘肃省社科联的支持与帮助。初稿形成及定稿完成后，社科联组织专家认真评审，评审专家提出了诸多精到的批评与建议，对该书修改有很大帮助，谨向社科联领导及各位评审专家致谢！

该书的写作，参考了诸多时贤的论作，已在注释与参考文献中列出，致以诚挚感谢！

马智全

2020 年 4 月 20 日